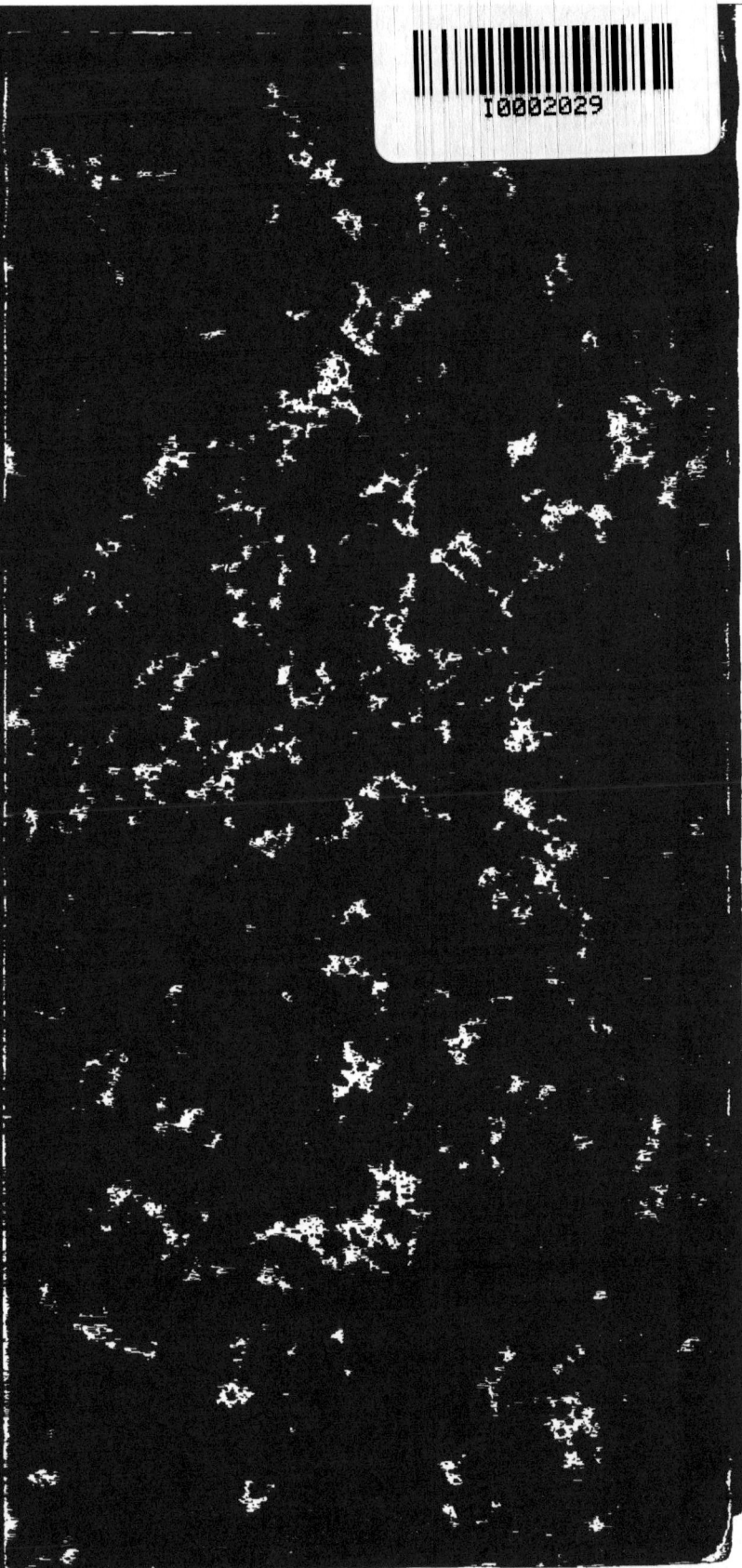

LES CRIMES CÉLÈBRES.

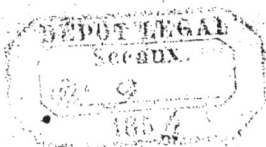

MADAME DE BAWR.

Édition format Charpentier à 3 fr. le volume.

Nouvelles contenant : LOUISE, MICHEL PERRIN, UNE RÉJOUIS-
SANCE EN 1770, LA MÈRE NACQUART, ROSE ET THÉRÈSE, LE SCHELLING,
MARIA ROSA, 1 vol. . . . . 3 fr.

Ces nouvelles sont, par le charme du récit, à la hauteur des Nouvelles gene-
voises. L'ÉDITEUR.

Robertine, nouvelle édition , 1 vol. . . . . . 3 fr.
Raoul, ou l'Enéide, nouvelle édit. 1 vol . . . . . . 3 fr.
Mes Souvenirs (*inédits*) 1 vol. . . . . 3 fr.
Soirées des Jeunes Personnes. 1 vol. . . . 3 fr.
Ouvrage couronné par l'Académie Française.

CYPRIEN ROBERT.

Professeur de littérature Slave au Collége de France.

Les Slaves de Turquie, Serbes, Monténégrins, Bosniaques
Albanais et Bulgares ; édition de 1844 , précédée d'une introduction
nouvelle sur leur situation pendant et depuis leurs insurrections de
1849 à 1851. Paris, 1852, 2 vol. in-8. . . . . 10 fr.

Cet ouvrage est l'un des meilleurs qui existent sur la question d'Orient. Fruit
d'un séjour de plusieurs années dans la Turquie d'Europe, il a pour but de faire
connaître les huit millions de montagnards qui couvrent les balkans de l'A-
driatique à la mer Noire.

Le Monde Slave, Russe, Polonais, Bohême et Illyrien ; son
passé, son état présent et son avenir. 2 vol. in-8. . . . 10 fr.
La Pologne, 1 vol. in-4. . . . . 5 fr.

M. BOITARD.

Collaborateur du Musée des Familles.

**Guide-Manuel de la bonne Compagnie, du bon
Ton et de la Politesse**. 1 vol. petit in-8 nouveau produisant
le format Charpentier. . . . . 3 fr.
Les Vingt-Six Infortunes de Pierrot. 1 vol. format
Charpentier. . . . . 3 fr.

Ouvrage de bonne et fine plaisanterie, qui excite l'hilarité depuis la première
jusqu'à la dernière page, et qui devra avoir sa place dans toutes les bibliothèques,
à côté de *Jérôme Paturot*.

WASHINGTON IRVING.

Esquisses morales et littéraires, ou Observations sur
les mœurs, les usages et la littérature des Anglais et des Américains.
2 vol. in-8°. . . . . 8 fr.

NOTA. Il ne reste plus que des exemplaires d'occasion , reliés ou brochés.

Impr. de E. Dépée, à Sceaux.

LES CRIMES CÉLÈBRES

JEANNE

DE NAPLES

PAR

ALEXANDRE DUMAS.

suivi de

LA CONSTANTIN

PAR A. ARNOULD.

PARIS

PASSARD, LIBRAIRE-ÉDITEUR,

7, RUE DES GRANDS-AUGUSTINS.

1854

JEANNE DE NAPLES.

Dans la nuit du 15 au 16 janvier de l'année 1343, les habitants de Naples, livrés à leur paisible sommeil, furent réveillés en sursaut par les cloches des trois cents églises que possède cette bienheureuse capitale. Au milieu du trouble universel causé par un si brusque réveil, la première idée qui se jeta à l'esprit de tout le monde fut que le feu avait pris au quatre

1.   1

coins de la ville, ou qu'une armée ennemie, débarquée mystérieusement à la faveur de la nuit, allait passer les citoyens
au fil de l'épée. Mais les sons lugubres et
intermittents de toutes ces cloches, qui,
troublant le silence à intervalles rares et
égaux, invitaient les fidèles à réciter les
prières des agonisants, firent bientôt
connaître qu'aucun malheur ne menaçait
la ville, et que le roi seul était en danger.

En effet, depuis plusieurs jours on avait
pu remarquer que la plus grande inquiétude régnait dans l'intérieur du Château-
Neuf : les officiers de la couronne étaient
convoqués régulièrement deux fois dans
la journée, et les grands du royaume, qui

avaient le droit de pénétrer dans les appartements du monarque, en sortaient accablés d'une profonde tristesse. Cependant, quoique la mort du roi fût regardée comme un malheur inévitable, lorsqu'on acquit la certitude que sa dernière heure approchait, la ville entière fut affectée d'une vive douleur, que l'on comprendra facilement quand nous aurons ajouté que celui qui allait mourir, après avoir régné trente-trois ans huit mois et quelques jours, était Robert d'Anjou, le roi le plus juste, le plus sage et le plus glorieux qui eût jamais occupé le trône de Sicile. Aussi emportait-il dans sa tombe les regrets et sel éloges de tous ses sujets.

Les soldats parlaient avec enthousiasme des longues guerres qu'il avait soutenues contre Frédéric et Pierre d'Aragon, contre Henri VII et Louis de Bavière, et sentaient battre leur cœur aux glorieux souvenirs des campagnes de la Lombardie et de la Toscane ; les prêtres l'exaltaient avec reconnaissance pour avoir défendu constamment les papes contre les attaques des Gibelins, et pour avoir fondé dans tout le royaume des couvents, des hôpitaux, des églises ; les lettrés le regardaient comme le roi le plus savant de la chrétienté : si bien que Pétrarque n'avait voulu recevoir que de ses mains la couronne de poète, et avait répondu pendant trois jours de suite aux questions que Robert avait daigné lui adresser sur toutes les branches du savoir humain. Les jurisconsultes, émerveillés de la sagesse des lois dont il avait enrichi le code napolitain, l'avaient surnommé le Salomon du moyen-âge ; les nobles s'applaudissaient de la manière dont il avait respecté leurs priviléges ; et le peuple célébrait sa clémence, sa piété, sa douceur. Enfin prêtres et soldats, savants et poètes, nobles et plébéiens, songeaient avec effroi que le gouvernement allait tomber dans les mains d'un étranger et d'une jeune fille, et se souvenaient des paroles de Robert, qui, suivant le cercueil de Charles, son fils unique, au moment où il franchissait le seuil de l'église, se tournant vers les barons du royaume, s'était écrié dans ses sanglots : — Aujourd'hui la couronne est tombée de ma tête, malheur à moi ! malheur à vous !

Et maintenant que les cloches sonnaient l'agonie du bon roi, tous les esprits étaient préoccupés de ces mots prophétiques ; les femmes priaient Dieu avec ferveur, et les hommes se dirigeaient de tous les points de la ville vers la demeure royale pour avoir des nouvelles plus authentiques et plus promptes ; mais après quelques moments d'attente, qu'ils mirent à profit pour échanger leurs tristes réflexions, force leur fut de s'en retourner comme ils étaient venus , car rien de ce qui se passait au sein de la famille ne transpirait au dehors ; le château était plongé dans l'obscurité la plus complète, le pont était levé comme à l'ordinaire , et les gardes veillaient à leur poste.

Cependant si nos lecteurs sont curieux d'assister à l'agonie du neveu de saint Louis et du petit-fils de Charles d'Anjou , nous pouvons les introduire dans la chambre occupée par le mourant. Une lampe d'albâtre , suspendue au plafond , éclaire cette pièce vaste et sombre , dont les murs sont tendus de velours noir parsemé de fleurs de lys d'or. Près du mur qui fait face aux deux portes par lesquelles on entre

dans la chambre , et qui dans ce moment
sont fermées, s'élève , sous un dais de
brocart , un lit d'ébène, supporté par quatre colonnes torses et sculpté de figures
symboliques. Le roi , après avoir lutté
contre une crise violente , est tombé éva-
noui dans les bras de son confesseur et de
son médecin , qui , s'emparant chacun
d'une des mains du mourant , interrogent
son pouls avec inquiétude et échangent
des regards d'intelligence. Au pied du lit
se tient debout une femme d'une cinquantaine d'années , les mains jointes , le
regard levé au ciel dans l'attitude d'une
douleur résignée ; cette femme est la reine.
Ses yeux n'ont pas de larmes , et ses joues

amaigries offrent ces tons de cire jaune
qu'on peut remarquer dans les corps des
saintes conservés par miracle. Son aspect
montre ce contraste de calme et de souf-
france qui révèle une âme éprouvée par
le malheur et domptée par la religion. Au
bout d'une heure, pendant laquelle aucun
mouvement n'avait troublé le profond silence qui régnait autour de ce lit mortuaire, le roi tressaillit faiblement, ouvrit
les yeux, et fit un léger effort pour soulever la tête. Puis, remerciant par un sourire le docteur et le prêtre, qui s'empres-
saient d'arranger ses oreillers, il pria la
reine de s'approcher, et lui dit d'une voix
émue qu'il désirait l'entretenir quelques

moments sans témoins. Le médecin et le confesseur se retirèrent profondément, et le roi les suivit du regard jusqu'au moment où une des portes se referma sur eux. Il passa ensuite la main sur son front comme pour en arracher une pensée qui l'obsédait, et réunissant toutes ses forces pour cet instant suprême, il prononça ces paroles :

— Ce que j'ai à vous dire, madame, ne regarde aucun des deux graves personnages qui étaient ici tout à l'heure, car leur tâche est accomplie. L'un d'eux a fait pour mon corps tout ce que la science humaine a su lui suggérer sans obtenir d'autres résultats que de prolonger encore un

peu mon agonie ; et l'autre vient d'absou-
dre mon âme de tous mes péchés en me
promettant la rémission divine, sans pouvoir éloigner les apparitions sinistres qui
se dressent devant moi à cette heure terrible. Vous m'avez vu deux fois de suite
me débattre sous une étreinte surhumaine.
Mon front s'est baigné de sueur, mes
membres se sont raidis, mes cris ont été
étouffés par une main de fer. Est-ce le
mauvais esprit à qui Dieu a permis de me
tenter? est-ce le remords qui prend la
forme d'un fantôme? Toujours est-il que
les deux combats que je viens de soutenir
ont tellement affaibli mes forces, que je
ne pourrai résister à une troisième atta-

que. Ecoutez-moi donc, ma Sancia, car j'ai des recommandations à vous faire, desquelles dépendra peut-être le repos de mon âme.

— Mon seigneur et mon maître, dit la reine avec l'accent de la plus douce soumission, me voici prête à écouter vos ordres ; et si Dieu, dans les profonds desseins de sa providence, a décidé de vous appeler dans sa gloire, et de nous plonger, nous, dans la douleur, vos dernières volontés seront exécutées sur la terre avec la plus scrupuleuse exactitude. Mais permettez-moi, ajouta-t-elle avec toute la sollicitude d'une conscience timorée, permettez-moi de répandre quelques gouttes d'eau bénite pour chasser le maudit de cette chambre, et de réciter un passage de l'office que vous avez composé en l'honneur de votre saint frère, pour implorer sa protection dans un moment où elle nous est si indispensable.

Et ouvrant un livre richement relié, elle lut avec la plus fervente dévotion quelques versets de l'office écrit par Robert, dans un latin très-élégant, pour son frère Louis, évêque de Toulouse, office que l'Eglise a chanté jusqu'au concile de Trente.

Bercé par l'harmonie de ces prières composées par lui-même, le roi oublia presque l'objet de l'entretien qu'il avait demandé

avec tant d'empressement et de solennité,
et se laissant aller à une vague mélancolie, il murmura sourdement : — Oh ! oui,
vous avez raison; priez pour moi, madame, car vous aussi vous êtes une sainte,
et moi je ne suis qu'un pauvre pécheur.

— Ne dites pas cela, monseigneur, in-
terrompit dona Sancia ; vous êtes le roi
le plus grand, le plus sage et le plus juste
qui ait jamais monté sur le trône de
Naples.

— Mais ce trône est usurpé, reprit
Robert d'une voix sombre ; vous le savez,
le royaume appartenait à Charles Martel,
mon frère aîné ; et comme Charles occu-
pait le trône de Hongrie, dont il avait hé-

rité par sa mère, le royaume de Naples
revenait de droit à son fils aîné Carobert
et non pas à moi, qui suis le troisième de
la famille. Eh bien, j'ai souffert qu'on me
couronnât à la place de mon neveu, qui
était le seul roi légitime; j'ai substitué la
branche cadette à la branche aînée, j'ai
étouffé pendant trente-trois ans les remords de ma conscience. Il est vrai que
j'ai gagné des batailles, que j'ai fait des
lois, que j'ai fondé des églises; mais un
seul mot dément tous les titres pompeux
dont l'admiration des peuples entoure
mon nom, et ce mot retentit plus haut
dans mon âme que toutes les flatteries des
courtisans, que tous les chants des poètes,

que toutes les ovations de la foule : — je
suis un usurpateur !

— Ne soyez pas injuste envers vous-
même, monseigneur, et songez que si
vous n'avez pas abdiqué en faveur de l'héritier légitime, c'est que vous avez voulu
épargner au peuple de plus grands malheurs. Au surplus, continua la reine avec
la profonde conviction que donne un argument sans réplique, vous avez gardé
le royaume avec l'assentiment et l'autori-
sation de notre saint-père le souverain
pontife, qui en dispose comme d'un fief
appartenant à l'Eglise.

— Je me suis longtemps bercé de ces
raisons, reprit le mourant, et l'autorité

du pape a imposé silence à tous mes scrupules; mais quelque sécurité qu'on af-
fecte pendant la vie, il vient une heure
solennelle et terrible, où toutes les illu-
sions disparaissent; et cette heure est venue pour moi, car je vais paraître devant Dieu, qui est le seul juge infaillible.

Si sa justice est infaillible, sa miséri-
corde n'est-elle pas infinie? poursuivit la
reine avec l'élan d'une sainte inspiration.
Quand même la crainte qui vient troubler votre âme serait fondée, quelle faute
n'effacerait pas un si noble repentir? Du
reste, n'avez-vous pas réparé le tort que
vous avez pu faire à votre neveu Carobert

I. 2

en appelant dans le royaume André, son fils cadet, et en le mariant à Jeanne, la fille aînée de votre pauvre Charles? Ne seront-ils pas les héritiers de votre couronne?

— Hélas! s'écria Robert avec un profond soupir, Dieu me punit peut-être d'avoir songé trop tard à cette juste réparation. O ma noble et bonne Sancia, vous venez de toucher une corde qui vibre douloureusement dans mon âme, et vous allez vous-même au-devant de la triste confidence que je voulais vous faire. J'ai un pressentiment sinistre, — et les pressentiments que nous inspire la mort sont des prophéties, — j'ai un pressentiment, dis-je, que les deux fils de mon neveu, Louis, qui est roi de Hongrie depuis la mort de son père, et André, que j'ai voulu faire roi de Naples, seront le fléau de ma famille. Depuis le jour où ce dernier a mis le pied dans notre château, une fatalité étrange s'acharne à contrarier tous mes projets. J'espérais qu'en faisant élever ensemble Jeanne et André, une tendre intimité s'établirait entre ces deux enfants, et que la beauté de notre ciel, l'aménité de nos mœurs, le tableau séduisant de notre cour finiraient par adoucir ce qu'il y avait de trop rude dans le caractère du jeune Hongrois : eh bien, malgré mes efforts, tout a contribué à jeter entre

les deux époux de l'aversion et de la froideur. Jeanne, à quinze ans à peine, est
déjà bien au-dessus de son âge. Douée
d'un esprit brillant et mobile, d'un caractère noble et élevé, d'une imagination
vive et ardente ; tantôt libre et enjouée
comme un enfant, tantôt digne et fière
comme une reine, confiante et naïve
comme une jeune fille, passionnée et sen-
sible comme une femme, elle offre le plus
frappant contraste avec André, qui, après
être resté dix ans dans notre cour, est plus
sauvage, plus morne et plus intraitable
que jamais. Ses traits froids et réguliers,
sa physionomie impassible, sa répu-
gnance pour tous les plaisirs que sa

femme paraît aimer de préférence ont élevé entre Jeanne et lui une barrière d'indifférence et d'antipathie. Aux plus doux épanchements il répond par un mot sèchement prononcé, par un sourire dédaigneux, par un froncement de sourcils, et il ne paraît jamais si heureux que lorsque, sous prétexte de chasser, il peut s'éloigner de la cour. Voilà, madame, quels sont les jeunes mariés sur le front desquels va passer ma couronne, et qui dans quelques instants vont se trouver exposés à toutes les passions qui grondent sourdement sous un calme trompeur, et qui n'attendent pour éclater que le moment où je rendrai le dernier soupir.

— Mon Dieu ! mon Dieu ! répétait la
reine accablée, en laissant tomber ses
bras comme font les statues qui pleurent
sur les tombeaux.

— Ecoutez-moi , dona Sancia. Je sais
que votre cœur a toujours été détaché des
vanités de la terre , et que vous attendez
l'heure où Dieu m'appellera à lui pour
vous retirer dans le couvent de Sainte-
Marie de la Croix , que vous ayez fondé
vous-même dans l'espoir d'y terminer vos
jours. Ce n'est pas au moment où je vais
descendre dans la tombe , convaincu du
néant des grandeurs humaines , que j'essayerai de vous détourner de votre sainte
vocation. Accordez-moi seulement , avant

de passer aux noces du Seigneur, une année de veuvage, pendant laquelle vous porterez mon deuil et veillerez sur Jeanne et sur son mari, pour écarter de leurs têtes tous les dangers qui les menacent. Déjà la grande-sénéchale et son fils ont pris trop d'ascendant sur notre petite-fille, prenez-y garde, madame, et, au milieu de tous les intérêts, de toutes les intrigues, de toutes les séductions, dont la jeune reine va être entourée, défiez-vous surtout de la tendresse de Bertrand d'Artois, de la beauté de Louis de Tarente et de l'ambition de Charles de Duras.

Le roi s'arrêta, épuisé par l'effort qu'il venait de faire en parlant; puis, tournant

vers sa femme un regard suppliant et lui
tendant sa main décharnée, il ajouta d'une
voix presque éteinte :

— Encore une fois, je vous en conjure,
ne quittez pas la cour avant un an. Me le
promettez-vous, madame?

— Je vous le promets, monseigneur.

— Et maintenant, continua Robert,
dont la physionomie se ranima à ces paroles, rappelez mon confesseur et mon
médecin, et rassemblez la famille ; car
l'heure approche, et bientôt je n'aurai
plus la force de prononcer mes dernières
paroles.

Au bout de quelques instants, le prêtre

et le docteur rentrèrent dans la chambre le visage inondé de larmes. Le roi les remercia avec effusion des soins qu'ils lui avaient prodigués dans sa dernière maladie, et les pria de l'aider à se vêtir des habits grossiers des moines franciscains, afin que Dieu, disait-il, le voyant mourir dans la pauvreté, dans l'humilité et dans la pénitence, daignât lui accorder plus facilement son pardon. Le confesseur et le médecin chaussèrent ses pieds nus des sandales des frères mendiants, l'habillèrent du froc de saint François, et nouèrent le cordon autour de sa ceinture. Ainsi étendu sur son lit, avec son front couronné de rares cheveux, sa longue barbe

blanche et ses mains croisées sur la poitrine, le roi de Naples ressemblait à un
de ces vieux anachorètes dont la vie s'est
usée dans les macérations de la chair, et
dont l'âme, absorbée par des contempla-
tions célestes, passe insensiblement de sa
dernière extase à la béatitude éternelle. Il
resta ainsi quelque temps les yeux fermés,
adressant à Dieu une muette prière; puis,
ayant fait éclairer la vaste pièce où il
se trouvait, comme dans les grandes
solennités, il fit un signe aux deux personnages, dont l'un se plaça au chevet et
l'autre aux pieds du mourant. A l'instant
même les portes s'ouvrirent à deux battants, et toute la famille royale, précédée

par la reine et suivie par les principaux
barons du royaume, vint se ranger en silence autour du lit du monarque pour
écouter ses dernières volontés.

 Les yeux du roi se portèrent sur Jeanne,
qui vint se placer la première à sa droite,
avec une expression indéfinissable de tendresse et de douleur. Elle était d'une
beauté si rare et si prodigieuse, que son
aïeul, fasciné par cet éblouissante apparition, la prit pour un ange que Dieu lui
envoyait pour consoler son agonie. Les
lignes brillantes de son beau profil, ses
grands yeux noirs et humides, son front
pur et découvert, ses cheveux vernissés
comme l'aile du corbeau, sa bouche déli-

cate, tout l'ensemble de cette admirable
figure enfin, laissait dans le cœur de ceux
qui la regardaient une impression profonde de mélancolie et de douceur, et se gra-
vaient dans l'esprit en traits ineffaçables:
Grande et svelte, sans avoir l'excessive
ténuité des jeunes filles, elle conservait
ces mouvements pleins de souplesse et de
nonchalance qui donnent à la taille l'ondu-
lation d'une tige de fleur balancée par la
brise. Mais à travers toutes ses grâces
souriantes et naïves, on pouvait déjà remarquer dans l'héritière de Robert une
volonté ferme et décidée à braver tous
les obstacles, et le cercle de bistre dont
les beaux yeux de la jeune femme étaient

cernés prouvait que son âme était déjà ravagée par de précoces passions.

Près de Jeanne se tenait Marie, sa jeune sœur, âgée de douze à treize ans, fille, elle aussi, de Charles duc de Calabre, qui ne l'avait pas vue naître, et de Marie de Valois, qui avait eu la douleur de la quitter au berceau. Admirablement jolie et timide, elle paraissait gênée par tout ce rassemblement de grands personnages, et se rapprochait doucement de la grande-sénéchale, Filippa, surnommée la Catanaise, gouvernante des princesses, et respectée par elles comme une mère. Derrière les princesses et à côté de la grande-sénéchale, était placé son fils Robert de

Cabanne, beau jeune homme fier et cambré, caressant de sa main gauche sa moustache effilée, et jetant à la dérobée sur Jeanne un regard d'une témérité effrayante. Le groupe était fermé par dona Cancia, jeune camérière des princesses, et par le comte de Terlizzi, qui échangeait avec cette dernière tantôt une œillade furtive, tantôt un sourire comprimé.

Le second groupe se composait d'André, le mari de Jeanne, et de frère Robert, précepteur du jeune prince, qui l'avait suivi de Bude et ne le quittait pas un instant. André pouvait avoir alors environ dix-huit ans ; au premier aspect, on était

frappé par l'extrême régularité de ses
traits et par sa belle et noble figure, enca-
drée de magnifiques cheveux blonds;
mais, au milieu de toutes ces physiono-
mies italiennes d'une beauté vive et sai-
sissante, son visage manquait d'expression, ses yeux paraissaient éteints, et
quelque chose de dur et de glacial révélait
son caractère sauvage et son origine
étrangère. Quant à son précepteur, Pétrarque a eu soin de nous laisser son por-
trait : visage rouge, barbe et cheveux
roux, taille courte et déjetée : orgueilleux
dans sa misère, riche de sa crasse, et,
comme un autre Diogène, couvrant à

peine de son froc ses membres hideux et difformes.

Dans le troisième groupe était la veuve de Philippe, prince de Tarente, frère du roi, honorée à la cour de Naples du titre d'impératrice de Constantinople, titre dont elle avait hérité en sa qualité de petite-fille de Baudoin II. Un homme habitué à sonder les sombres profondeurs de l'âme humaine aurait compris d'un seul regard tout ce que cette femme cachait de haine implacable, de jalousie venimeuse et d'ambition dévorante sous sa livide pâleur. Elle était entourée de ses trois fils Robert, Philippe et Louis, le plus jeune de tous les trois. Si le roi avait choisi parmi ses ne-

veux le plus beau, le plus généreux, le plus
brave, nul doute que Louis de Tarente
n'eût obtenu la couronne. A vingt-trois ans,
il avait dépassé dans l'exercice des armes
les cavaliers du plus grand renom ; franc,
loyal, hardi, il n'avait pas plus tôt conçu un
projet, qu'il en assurait l'exécution. Son
front brillait de cet éclat limpide qui est
pour les natures privilégiées comme l'au-
réole du succès ; ses beaux yeux, d'un noir
doux et velouté, subjuguaient les âmes,
pour qui la résistance devenait impossible,
et son sourire caressant consolait les vain-
cus de leur défaite. Enfant prédestiné, il
n'avait qu'à vouloir : une puissance incon-
nue, une fée bienfaisante qui avait présidé

à sa naissance se chargeait d'aplanir tous les obstacles, et de satisfaire à tous ses désirs.

Presque à côté de lui, dans le quatrième groupe, fronçait le sourcil, son cousin Charles de Duras. Sa mère Agnès, veuve de Jean, duc de Duras. et d'Albanie, autre frère du roi, le contemplait avec effroi, et serrait sur son cœur, par un mouvement instinctif, ses deux plus jeunes fils, Ludovic, comte de Gravina, et Robert prince de Morée. Charles, le visage pâle, les cheveux courts, la barbe épaisse, portait ses regards soupçonneux tantôt sur son oncle mourant, tantôt sur Jeanne et sur la petite Marie, tantôt sur ses cousins, et

paraissait tellement agité par ses pensées
tumultueuses, qu'il ne pouvait pas rester
en place. Son attitude inquiète et fiévreuse
contrastait singulièrement avec le visage
calme et rêveur de Bertrand d'Artois, qui,
cédant le pas à son père Charles, se rapprochait ainsi de la reine, placée au pied
du lit, et se trouvait de cette façon en face
de Jeanne. Le jeune homme était tellement
absorbé par la beauté de la princesse,
qu'il semblait ne voir qu'elle dans la
chambre.

Aussitôt que Jeanne et André, les princes de Tarente et de Duras, les comtes
d'Artois et la reine Sancia, eurent pris
leurs places autour du lit mortuaire, en

formant un demi-cercle dans l'ordre que nous venons de décrire, le vice-chancelier du royaume traversa les rangs des barons, qui se pressaient, suivant leur grade, à la suite des princes du sang, et après s'être incliné devant le roi, il déploya un parchemin scellé du sceau royal, et lut d'une voix solennelle, au milieu du plus profond silence :

« Robert, par la grâce de Dieu, roi de Sicile et de Jérusalem, comte de Provence, de Forcalquier et du Piémont, vicaire de la sainte Eglise romaine, nomme et déclare son héritière universelle dans le royaume de Sicile, en delà et en deça du Phare, ainsi que dans les comtés de Provence, de

Forcalquier et du Piémont, et dans toutes ses autres terres, Jeanne, duchesse de Calabre, fille aînée de l'excellent seigneur Charles, duc de Calabre, d'illustre mémoire.

» De même il nomme et déclare la respectable demoiselle Marie, fille puînée de feu monseigneur le duc de Calabre, son héritière dans la comté d'Alba et dans la justice de la vallée de Grati et de la terre de Giordano, avec tous les châteaux et dépendances, et ordonne que la demoiselle énoncée les reçoive en fief direct de la susdite duchesse et de ses héritiers; à cette condition cependant. que si madame la duchesse donne et alloue à son illustre sœur, ou à ses ayants cause, la somme de

dix mille onces d'or, à titre de dédomma-
gement, la comté et justice susdites reste-
ront à madame la duchesse et à ses héritiers.

» De même il veut et ordonne, pour des
raisons secrètes qui le font agir ainsi, que
la susdite demoiselle Marie contracte mariage avec le très-illustre prince monseigneur Louis, actuel roi de Hongrie. Et si
quelque empêchement s'oppose à ces
noces, à cause du mariage qu'on dit conclu et signé entre le roi de Hongrie et le
roi de Bohême et sa fille, le roi notre
seigneur ordonne que l'illustre demoiselle
Marie contracte mariage avec le fils aîné du
très-haut seigneur don Juan, duc de Nor-

mandie, fils aîné de l'actuel roi de France. »

A ce passage, Charles de Duras jeta sur Marie un regard singulièrement signifi-catif, qui échappa à tous les assistants, dont l'attention était absorbée par la lecture du testament de Robert. Quant à la jeune fille, depuis qu'elle avait entendu pro-noncer son nom, ses joues étaient deve-nues pourpres, et, confuse et interdite, elle n'avait plus osé lever les yeux sur personne. Le vice-chancelier continua :

« De même il a voulu et ordonné que, toujours et à perpétuité, les comtés de Forcalquier et de Provence soient unis à son royaume, sous une seule domi-nation, et comme formant un seul do-

maine inséparable, quand même il y
aurait plusieurs fils ou filles, ou pour
quelque raison que ce soit, cette union
étant du plus haut intérêt pour la sûreté
et la prospérité mutuelle du royaume et
des comtés susdits.

» De même, il a décidé et ordonné, qu'au
cas où la duchesse Jeanne viendrait à
mourir, — ce dont Dieu nous garde ! —
sans laisser d'enfants légitimes de son
propre corps, l'illustrissime seigneur André, duc de Calabre, son mari, aura la
principauté de Salerne, avec le titre, les
fruits, les rentes et tous les droits, plus la
rente de deux mille onces d'or pour son
entretien.

» De même il a décidé et ordonné que
la reine principalement, aussi bien que le
vénérable père don Philippe de Cabassole,
évêque de Cavaillon, vice-chancelier du
royaume de Sicile, et les magnifiques seigneurs Philippe de Sanguineto, sénéchal
de Provence, Godefroi de Marsan, comte
de Squillace, amiral du royaume, et Charles d'Artois, comte d'Aire, seront et de-
vront être gouverneurs, régents et admi-
nistrateurs du susdit seigneur André, et
des susdites dames Jeanne et Marie,
jusqu'à ce que monseigneur le duc, madame la duchesse et la très-illustre demoiselle Marie auront atteint la vingt-cin-
quième année, etc., etc. »

Lorsque le vice-chancelier eut achevé
sa lecture, le roi se leva sur son séant, et
après avoir parcouru du regard sa belle
et nombreuse famille :

— Mes enfants, dit-il; vous venez d'entendre mes dernières volontés. Je vous ai
fait venir tous à mon lit de mort afin que
vous puissiez voir comment passe la gloire
de ce monde. Ceux que le peuple a nom-
més les grands de la terre ont pendant la
vie de plus grands devoirs à remplir,
après la mort de plus grands comptes à
rendre : voilà en quoi consiste leur grandeur. J'ai régné trente-trois ans, et Dieu,
devant lequel je vais paraître tout à l'heure, Dieu, qui a souvent recueilli mes

soupirs pendant ma longue et pénible carrière, connaît seul les pensées qui me déchirent l'âme au moment de mon agonie. Bientôt je serai couché dans ma tombe, et je ne vivrai plus pour ce monde que dans la mémoire de ceux qui prieront pour moi. Mais avant de vous quitter pour toujours, vous deux fois mes filles, que j'ai aimées d'un double amour, vous mes neveux, pour lesquels j'ai eu tous les soins et toute la tendresse d'un père, promettez-moi d'être toujours unis d'âme et d'intentions, comme vous l'êtes dans mon cœur. J'ai survécu à vos pères, moi le plus vieux de tous, et Dieu, sans doute, l'a voulu ainsi pour resserrer les liens de vos affections,

pour vous habituer à vivre dans une seule
famille, et à ne respecter qu'un seul chef.
Je vous ai tous aimés également, comme le doit un père, sans exception,
sans préférence. J'ai disposé du trône suivant le droit de la nature et les inspirations
de ma conscience. Voici les héritiers de la
couronne de Naples : vous, Jeanne, et vous
André, n'oubliez jamais le respect et l'a-
mour qu'on se doit entre époux et que
vous vous êtes jurés mutuellement au pied
de l'autel ; et vous tous, mes neveux, mes
barons, mes officiers, prêtez hommage
à vos souverains légitimes ; André de
Hongrie, Louis de Tarente, Charles de
Duras, souvenez-vous que vous êtes

frères; malheur à celui qui imitera la perfidie de Caïn ! que le sang retombe sur sa tête, et qu'il soit maudit par le ciel comme il est maudit par la bouche d'un mourant, et que la bénédiction du Père, du Fils et du Saint-Esprit descende sur les hommes de bonne volonté, au moment où le Seigneur miséricordieux va rappeler. mon âme.

Le roi resta immobile, les bras levés, les yeux fixés vers le ciel, les joues animées d'un éclat extraordinaire, tandis que les princes, les barons et les officiers de la cour prêtaient à Jeanne et à son mari le serment de fidélité et d'hommage. Lorsque le tour des prince de Duras arriva, Charles

passa dédaigneusement devant André, et
pliant un genou devant la princesse, il dit
d'une voix forte et en lui baisant la main :

— C'est à vous, ma reine, que je rends
hommage.

Tous les regards se tournèrent avec effroi vers le mourant ; mais le bon roi n'a-
vait rien entendu. Le voyant retomber
raide et sans mouvement, dona Sancia
éclata en sanglots et s'écria d'une voix
remplie de larmes :

— Le roi est mort, prions pour son âme.

Mais à l'instant même tous les princes
s'élancèrent hors de la chambre, et toutes
les passions comprimées jusqu'alors par
la présence du roi débordèrent à la fois

comme un torrent qui rompt ses digues.

— Vive Jeanne! crièrent les premiers Robert de Cabane, Louis de Tarente et Bertrand d'Artois, tandis que le précepteur du prince, furieux, fendant la foule et apostrophant énergiquement les membres du conseil de régence, répétait sur tous les tons : — Messeigneurs, vous oubliez déjà les volontés du roi, il faut crier aussi — Vive André! — puis, joignant l'exemple à la théorie, et faisant lui seul autant de vacarme que tous les barons réunis, il s'écria d'une voix tonnante :

— Vive le roi de Naples!

Mais ce cri resta sans écho, et Charles de Duras, toisant le dominicain d'un re-

gard terrible, s'avança vers la reine, et la
prenant par la main, il fit glisser sur les
tringles le rideau du balcon d'où l'où dé-
couvrait la place et la ville. Une foule immense, inondée par des flots de lumière
encombrait toute l'étendue que les regards
pouvaient embrasser, et des milliers de
têtes se levèrent vers le balcon du Château-
Neuf pour entendre ce qu'on venait leur
annoncer. Alors Charles se tirant respectueusement d'un côté et montrant de la
main sa belle cousine :

— Peuple napolitain, dit-il, le roi est
mort, vive la reine !

— Vive Jeanne, la reine de Naples ! —
répondit le peuple avec un seul cri immen-

se qui retentit dans tous les quartiers de la ville.

Les événements qui s'étaient succédé dans cette nuit avec la rapidité d'un rêve avaient produit sur l'esprit de Jeanne une impression si profonde, que, brisée par mille émotions diverses, elle se retira dans ses appartements, et, s'enfermant dans sa chambre, elle donna un libre essor à sa douleur. Tandis que toutes les ambitions s'agitaient autour du cercueil du monarque napolitain, la jeune reine, refusant toutes les consolations qui lui étaient offertes, pleurait amèrement la mort de son aïeul, qui l'avait aimée jusqu'à la faiblesse. Quant au roi, il fut en-

terré solennellement dans l'église de San-
ta-Chiara, qu'il avait fondée et dédiée au
Saint-Sacrement, après l'avoir enrichie
des magnifiques fresques de Giotto et de
plusieurs reliques précieuses, parmi lesquelles on montre encore aujourd'hui,
derrière la tribune du maître-autel, deux
colonnes de marbre blanc enlevées au
temple de Salomon. C'est là qu'il est encore aujourd'hui, représenté sur son
tombeau en habit de roi et en robe de religieux, à droite du monument de son fils
Charles, duc de Calabre.

Immédiatement après les obsèques, le
précepteur d'André rassembla à la hâte
les principaux seigneurs hongrois, et il

fut décidé dans ce conseil , tenu en la présence et avec l'assentiment du prince, que des lettres seraient expédiées à sa mère , Elisabeth de Pologne , et à son frère , Louis de Hongrie, pour leur donner connaissance du testament de Robert , et qu'en même temps on se plaindrait à la cour d'Avignon de la conduite des princes et du peuple napolitain , qui avaient proclamé Jeanne seule reine de Naples , au mépris des droits de son mari , et qu'on solliciterait pour ce dernier la bulle du couronnement. Frère Robert , qui à une profonde connaissance des intrigues de la cour ajoutait l'expérience du savant et la ruse du moine , fit comprendre à son élève qu'il fallait profiter de l'abattement dans lequel la mort du roi paraissait avoir plongé Jeanne, et ne pas laisser à ses favoris le temps de l'entourer de leurs séductions et de leurs conseils.

Mais plus la douleur de Jeanne avait été vive et bruyante, plus elle se consola promptement ; les sanglots qui avaient failli briser sa poitrine se calmèrent tout à coup; de nouvelles pensées, moins lugubres et plus douces, se succédèrent dans l'esprit de la reine ; la trace de ses larmes s'effaça, et un léger sourire vint briller dans ses yeux humides, comme un rayon de soleil après une pluie d'orage. Ce changement, épié avec sollicitude et attendu avec impatience, fut bientôt remarqué par la jeune camérière de Jeanne ; elle se glissa dans la chambre de la reine, et, tombant à genoux, avec le ton le plus flatteur et les plus tendres paroles, elle adressa à sa belle maîtresse les premières félicitations. Jeanne ouvrit ses bras et la tint longtemps serrée sur son cœur ; car dona Cancia était bien plus que sa camériste, elle était la compagne de son enfance, la dépositaire de tous ses secrets, la confidente de ses plus intimes pensées. Au reste, rien qu'à jeter un regard sur cette jeune fille, on comprenait la séduction qu'elle devait exercer sur l'esprit de la jeune reine. C'était une de ces figures riantes et ouvertes qui inspirent la confiance et captivent les âmes du premier abord. Ses cheveux d'un blond chaud et doré, ses yeux d'un bleu pur et limpide, sa bouche malicieusement relevée par les coins, son menton d'une extrême finesse, donnaient à sa physionomie un charme irrésistible. Folle, enjouée, légère, ne respirant que le plaisir, n'écoutant que l'amour, admirablement spirituelle, délicieusement perfide, à seize ans, elle était jolie comme un ange et corrompue comme un démon. Toute la cour l'adorait, et Jeanne avait plus d'amitié pour elle que pour sa propre sœur.

— Eh bien, ma chère Cancia, murmura

la reine avec un soupir, tu me vois bien triste et bien infortunée!

-- Et moi, ma belle souveraine, répondit la confidente en fixant sur Jeanne un regard d'admiration, vous me voyez bien heureuse, au contraire, de pouvoir déposer à vos pieds, avant les autres, le témoignage de la joie qu'éprouve en ce moment le peuple napolitain. Les autres vous envieront peut-être cette couronne qui brille sur votre front, ce trône qui est un des plus beaux trônes du monde, ces acclamations d'une ville entière qui ressemblent bien plus à un culte qu'à un hommage; mais moi, madame, je vous envie vos beaux cheveux noirs, votre re-

gard éblouissant, votre grâce surhumaine, qui vous font adorer de tous les
hommes.

— Tu le sais pourtant, ma Cancia, je
suis bien à plaindre comme reine et comme
femme ; à quinze ans une couronne est
lourde à porter, et je n'ai même pas la liberté dont jouit le dernier de mes sujets,
la liberté des affections ; car avant l'âge
de raison on m'a sacrifiée à un homme que
je ne pourrai jamais aimer.

— Cependant, madame, reprit la camérière d'une voix plus insinuante, il est
dans cette cour un jeune chevalier qui,
par son respect, son dévouement et son
amour, aurait dû vous faire oublier les

torts de cet étranger, qui n'est digne
d'être ni notre roi ni votre mari.

La reine poussa un profond soupir.

— Depuis quand, reprit-elle, as-tu perdu
l'habitude de lire dans mon âme? Dois-je
aussi t'avouer que cet amour me rend
malheureuse? Il est vrai que dans les premiers moments cette émotion criminelle
m'a paru bien vive; j'ai senti une nouvelle
vie se réveiller dans mon âme, j'ai été en-
traînée, séduite par les prières, par les
larmes, par le désespoir de ce jeune homme, par la facilité que nous laissait sa
mère, que j'ai toujours regardée comme
ma propre mère; je l'ai aimé... Mon Dieu!

si jeune encore, avoir un passé si doulou-
reux! il me vient parfois dans l'esprit des
pensées étranges : il me semble qu'il ne
m'aime plus, qu'il ne m'a jamais aimée,
que l'ambition, l'intérêt, d'ignobles mo-
tifs, l'ont poussé à feindre un sentiment
qu'il n'a jamais ressenti; moi-même j'é-
prouve une froideur dont je ne me rends
pas compte; sa présence me gêne, son regard me trouble, sa voix me fait trembler;
je le crains, et je donnerais une année de
ma jeunesse pour ne l'avoir jamais écouté.

Ces paroles semblèrent toucher la jeune
confidente jusqu'au fond de l'âme ; son
front se voila de tristesse, elle baissa les
yeux et resta quelque temps sans répon-

dre, en montrant plus de douleur que d'é-
tonnement. Puis, soulevant doucement la
tête, elle ajouta avec un visible embarras :

— Je n'aurais jamais osé porter un ju-
gement si sévère sur l'homme que ma souveraine a élevé au-dessus des autres en
laissant tomber sur lui un regard de bienveillance ; mais si Robert de Cabane avait
mérité des reproches de légèreté et d'ingratitude, s'il s'était lâchement parjuré, il
serait le dernier des misérables, car il aurait méprisé un bonheur que d'autres auraient demandé à Dieu tout le temps de
leur vie, pour le payer de leur éternité. Je
sais quelqu'un qui pleure nuit et jour, sans
consolation et sans espoir, qui souffre et

se consume d'une maladie lente et cruelle,
et qu'un mot de pitié pourrait sauver encore, si ce mot sortait des lèvres de ma
noble maîtresse.

— Je ne veux plus rien entendre, s'écria
Jeanne en se levant brusquement; je ne
veux pas attacher un autre remords à ma
vie. Le malheur m'a frappée dans mon
amour légitime et dans mon amour criminel; hélas! je n'essayerai plus de conjurer
ma terrible destinée, je courberai le front
sans murmurer; je suis reine, je me dois
au bonheur de mes sujets.

— Me défendrez-vous, madame, reprit
dona Cancia d'une voix douce et cares-
sante, me défendrez-vous de prononcer

en votre présence le nom de Bertrand d'Artois, de ce pauvre jeune homme, qui a la beauté des anges et la timidité des jeunes filles ? Et maintenant que vous êtes reine, et que vous avez dans vos mains la vie et la mort de vos sujets, n'aurez-vous aucune clémence pour un malheureux qui n'a commis que la faute de vous adorer et de rassembler toutes les forces de son âme pour ne pas expirer de bonheur toutes les fois qu'il a pu rencontrer un de vos regards ?

— J'ai pourtant fait bien des efforts sur moi-même pour les détourner de lui ! s'écria la reine avec un élan de cœur qu'elle fut impuissante à maîtriser ; mais aussitôt, pour effacer l'impression que cet aveu au-

rait pu produire dans l'esprit de sa sui-
vante; elle ajouta d'un ton sévère :

— Je te défends de prononcer son nom
devant moi, et s'il osait jamais laisser
échapper quelque plainte, je t'ordonne de
lui dire de ma part que le jour où je pourrai soupçonner la cause de son chagrin,
il sera exilé pour toujours de ma présence.

— Eh bien, madame, chassez-moi aussi
de votre présence; car je n'aurai jamais la
force de remplir un ordre si dur quant au
malheureux qui ne peut éveiller dans votre cœur un sentiment de compassion,
vous pouvez le frapper vous-même dans

votre colère, car le voici qui vient écouter

son arrêt et mourir à vos pieds.

A ces mots, prononcés d'une voix plus

forte, pour les faire entendre au dehors, Ber-

trand d'Artois s'élança dans la chambre,

et tomba aux genoux de la reine. Depuis

longtemps la jeune camérière s'était aper-

çue que Robert de Cabane avait par sa

faute perdu l'amour de Jeanne, à qui la

tyrannie de cet homme était devenue plus

insupportable que celle de son mari. Dona

Cancia ne tarda guère à remarquer que

les yeux de sa maîtresse se reposaient avec

une douce mélancolie sur Bertrand, beau

jeune homme, triste et rêveur, et quand

elle se décida à parler pour lui, elle était

persudée que la reine l'aimait déjà. Néan-
moins une vive rougeur monta au front de
Jeanne et sa colère allait tomber indistinc-
tement sur les deux coupables, lorsqu'un
bruit de pas se fit entendre dans le salon
contigu, et la voix de la grande sénéchale
causant avec son fils frappa les trois jeunes
gens comme un coup de foudre. La camérière chancela, pâle comme la mort, Bertrand se crut d'autant plus perdu, que sa
présence perdait la reine; Jeanne seule,
avec cet admirable sang-froid qui ne devait pas la quitter dans les moments les
plus difficiles de sa vie, poussa le jeune
homme contre le dossier sculpté de son
lit, et le cacha complètement sous les lar-

ges plis du rideau], puis elle fit signe à dona Cancia d'aller au-devant de sa gouvernante et de son fils.

Mais, avant d'introduire dans la chambre de la reine ces deux personnages, que nos lecteurs ont pu voir à la suite de Jeanne, près du chevet de Robert, il faut que nous racontions par quel prodigieux concours de circonstances et avec quelle incroyable rapidité la famille de la Catanaise s'étai élevée de la dernière classe du peuple aux premiers rangs de la cour.

Lorsque dona Violante d'Aragon, première femme de Robert d'Anjou, accoucha de Charles, qui devait mourir duc de Calabre, on chercha une nourrice pour le

nouveau-né parmi les plus belles femmes
du peuple. Après en avoir passé plusieurs
en revue, toutes également admirables de
beauté, de jeunesse et de fraîcheur, le
choix de la princesse s'arrêta sur une jeune
Catanaise nommée Filippa, femme d'un pêcheur de Trapani et blanchisseuse de son
état. La jeune femme, tout en lavant son lin-
ge au bord d'une fontaine, avait fait des
rêves étranges ; elle s'était imaginée d'être
présentée à la cour, d'épouser un grand
personnage, d'avoir les honneurs d'une
grande dame. Aussi, quand elle fut appelée
au Château-Neuf, sa joie fût-elle extrême, et
son rêve parut commencer à se réaliser.
Filippa fut donc installée à la cour, et peu

de mois après qu'elle avait commencé à nourrir l'enfant, elle resta veuve du pêcheur. Dans ce temps, Raymond de Cabane, majordome de la maison du roi Charles II, ayant acheté un nègre à des corsaires, le fit baptiser, en lui donnant son propre nom, l'affranchit, et voyant qu'il ne manquait ni d'adresse ni d'intelligence, le nomma chef de la cuisine du roi : après quoi il s'en alla à la guerre. Pendant l'absence de son protecteur, le nègre, resté à la cour, fit si bien ses propres affaires, qu'en peu de temps il acheta des terres, des maisons, des fermes, de la vaisselle d'argent et des chevaux, de façon à pouvoir rivaliser avec les plus riches

barons du royaume; et comme il n'avait
jamais cessé de gagner de plus en plus
l'affection de la famille royale, il passa de
la cuisine à la garde-robe du roi. D'un
autre côté, la Catanaise avait si bien mérité l'amour de ses maîtres, que, pour la
récompenser des soins donnés à son enfant, la princesse la maria au nègre, et
pour cadeau de noce on le fit chevalier. A
dater de ce jour, Raymond de Cabane et
Filippa la blanchisseuse montèrent si rapidement, que personne ne put balancer
leur influence à la cour. Après la mort de
dona Violante, la Catanaise devint l'amie
intime de dona Sancia, seconde femme de
Robert, que nous avons présentée à nos

lecteurs au commencement de cette his
toire. Charles, son fils de lait, l'aimait
comme une mère, et elle fut successive-
ment la confidente de ses deux femmes,
surtout de la seconde, Marie de Valois. Et
comme l'ancienne blanchisseuse avait fini
par apprendre les usages et les manières
de la cour, lorsque Jeanne et sa sœur na-
quirent, elle fut nommée gouvernante et
maîtresse des jeunes filles, et par cette
occasion Raymond fut créé majordome.
Enfin Marie de Valois, à son lit de mort,
lui recommanda les deux jeunes princesses, en la priant de les regarder comme
ses filles, et Filippa la Catanaise, honorée
désormais comme la mère de l'héritière

du trône de Naples, eut le pouvoir de faire nommer son mari grand-sénéchal, une des sept plus grandes charges du royaume, et ses trois fils chevaliers. Raymond de Cabane fut enterré comme un roi dans un tombeau de marbre dans l'église du Saint-Sacrement, et deux de ses fils allèrent bientôt le rejoindre. Le troisième, nommé Robert, jeune homme d'une force et d'une beauté extraordinaires, ayant quitté l'habit ecclésiastique, fut à son tour nommé majordome, et les deux filles de son frère aîné furent mariées, l'une au comte de Terlizzi, et l'autre au comte de Morcone. Les choses en étaient là, et la puissance de la grande-sénéchale paraissait assurée à jamais, lorsqu'un événement inattendu vint tout à coup ébranler son crédit, et que le long édifice de sa fortune, élevé péniblement et pierre à pierre, avec tant de patience et tant de lenteur, miné dans sa base, faillit s'écrouler en un jour. La brusque apparition du frère Robert, qui avait suivi à la cour de Rome son jeune élève, destiné dès l'enfance à être le mari de Jeanne, vint se jeter au travers de tous les desseins de la Catanaise, et menaça sérieusement son avenir. Le moine n'avait pas tardé à comprendre que tant que la grande sénéchale resterait à la cour, André ne serait que l'esclave et peut-être la victime de sa femme. Aussi toutes les pensées de frère Ro-

bert furent-elles concentrées sourdement
vers un seul but, celui d'éloigner la Catanaise ou de neutraliser son influence. Le
précepteur du prince et la gouvernante de
l'héritière du trône échangèrent un seul
coup d'œil froid, perçant, lucide, et leurs
regards se croisèrent comme deux éclairs
de haine et de vengeance. Alors la Catanaise se sentant devinée, et n'ayant pas le
courage de lutter ouvertement contre cet
homme, conçut le projet d'assurer sa domination chancelante par la corruption et
par la débauche. Elle infiltra lentement
dans l'âme de son élève le poison du vice,
irrita sa jeune imagination par des désirs
précoces, sema dans son cœur les germes

d'une aversion invincible pour son mari,
entoura la pauvre fille de femmes perdues,
attacha particulièrement à son côté la belle
et séduisante dona Cancia, que les auteurs
contemporains flétrissent du titre de cour-
tisane, et pour achever d'un seul trait ses
leçons d'infamie, elle prostitua Jeanne à
son fils. La pauvre enfant, déjà souillée par
le crime avant de comprendre la vie, se
jeta dans sa première passion avec toute
l'ardeur de la jeunesse, et aima Robert de
Cabane d'un amour si violent et si frénéti-
que, que la rusée Catanaise s'applaudis-
sant de son œuvre infâme, crut si bien tenir sa proie, qu'elle n'essayerait jamais de
lui échapper.

Une année s'écoula sans que Jeanne, absorbée par son ivresse, conçut un seul soupçon sur la sincérité de son amant. Le jeune homme, d'un caractère plus ambitieux que tendre, dissimulait adroitement sa froideur par une intimité fraternelle, par une aveugle soumission, par un dévouement à toute épreuve; et peut-être eût-il réussi longtemps encore à tromper sa maîtresse, si le jeune comte d'Artois ne fût devenu à son tour éperdument amoureux de Jeanne. Le bandeau tomba tout à coup des yeux de la jeune fille; en comparant ces deux sentiments avec cet instinct du cœur qui ne trompe jamais la femme aimée, elle comprit que Robert de Cabane l'aimait pour lui-même, tandis que Bertrand d'Artois aurait donné sa vie pour la voir heureuse ; un trait de lumière éclaira son passé, elle repassa dans son esprit les circonstances qui avaient précédé et accompagné son premier amour, et un frisson courut dans ses veines, en songeant qu'elle avait été immolée à un lâche séducteur par la femme qu'elle avait le plus aimée au monde, qu'elle avait appelée du nom de mère.

Jeanne se replia sur elle-même, et pleura amèrement. Frappée d'un seul coup dans toutes ses affections, elle dévora sa douleur ; puis, animée d'une soudaine colère, elle releva fièrement la tête, et changea

son amour en mépris. Robert, étonné de
l'accueil hautain et glacial qui venait de
succéder à tant d'amitié, irrité par la jalousie, blessé dans son amour-propre,
éclata en reproches amers et en récriminations violentes, et, laissant tomber son
masque, acheva de se perdre dans le cœur
de la princesse.

La grande-sénéchale vit enfin qu'il était
temps d'intervenir : elle gourmanda son
fils, et l'accusa de miner par sa maladresse
tous ses projets.

— Puisque tu n'as pas su dominer son
âme par l'amour, lui dit-elle, il faut la dominer par la crainte. Nous avons le secret
de son honneur, elle n'osera jamais se ré-

volter contre nous. Evidemment, elle aime Bertrand d'Artois, dont les yeux langoureux et les humbles soupirs contrastent d'une manière frappante avec ta fière insouciance et tes emportements despotiques. La mère des princes de Tarente, l'impératrice de Constantinople, saisira avec empressement l'occasion de favoriser les amours de la princesse, pour l'éloigner de plus en plus de son mari ; Cancia sera choisie pour messagère, et tôt ou tard nous surprendrons d'Artois aux pieds de Jeanne. Alors elle ne pourra plus rien nous refuser.

Sur ces entrefaites, le vieux roi mourut, et la Catanaise, qui n'avait cessé de guetter le moment qu'elle avait prévu avec une lucidité extrême, ayant vu le comte d'Artois se glisser dans l'appartement de Jeanne, appela son fils à haute voix, et l'entraînant avec elle :

— Suis-moi, lui dit-elle, la reine est à nous.

C'était dans ce but qu'elle venait avec son fils.

Jeanne, debout au milieu de la chambre, le front couvert de pâleur, les yeux fixés sur les rideaux de son lit, cachant son trouble sous un sourire, fit un pas vers sa gouvernante, et baissa le front pour recevoir le baiser que la grande-sénéchale avait l'habitude d'y déposer tous les matins. La Catanaise l'embrassa avec une cordialité affectée, et se tournant vers son fils, qui avait plié un genou en terre :

— Permettez, ma belle souveraine, dit-elle en lui montrant Robert, que le plus humble de vos sujets vous adresse ses félicitations sincères et dépose à vos pieds ses hommages.

— Relevez-vous, Robert, dit Jeanne en lui tendant la main avec bonté et sans laisser percer la moindre amertume. Nous avons été élevés ensemble, et je n'oublierai jamais que dans mon enfance, c'est-à-dire, dans cet âge heureux où nous étions tous les deux innocents, je vous ai appelé mon frère.

— Puisque vous le permettez, madame, répondit Robert avec un sourire ironique, moi aussi je me souviendrai toujours des noms que vous avez daigné m'accorder autrefois.

— Et moi j'oublierais que je parle à la reine de Naples, reprit la Catanaise, pour embrasser encore une fois ma fille bien-aimée. Allons, madame, chassez ce reste de tristesse; vous avez assez pleuré, nous avons assez respecté votre douleur. Il est temps de vous montrer à ce bon peuple na-politain, qui ne cesse de bénir le ciel pour lui avoir accordé une reine si belle et si gé-néreuse; il est temps de faire pleuvoir vos grâces sur vos fidèles sujets; et mon fils, qui les surpasse tous en fidélité, pour vous servir avec plus de zèle, vient avant tous les autres, vous demander une faveur.

Jeanne laissa tomber sur Robert un regard accablant, et s'adressant à la Catanaise, elle ajouta avec le plus profond mépris :

— Vous le savez, ma gouvereante, je n'ai rien à refuser à votre fils.

— Il ne demande, repartit la gouvernante, qu'un titre qui lui est dû, et qu'il a hérité de son père, celui de grand-sénéchal du royaume des Deux-Siciles; j'espère, ma fille, que vous n'aurez aucune difficulté à le lui accorder.

1.

6

— Je devrais cependant consulter les membres du conseil de régence.

— Le conseil s'empressera de ratifier les volontés de la reine, reprit Robert en lui tendant le parchemin avec un geste impérieux; vous n'aurez qu'à vous adresser au comte d'Artois.

Et il jeta sur le rideau, qui s'était légèrement agité, un regard foudroyant.

— Vous avez raison, répondit la reine vivement; et s'approchant d'une table, elle signa le parchemin d'une main tremblante.

— Maintenant, ma fille, au nom de tous les soins que j'ai donnés à votre enfance, au nom de cet amour plus que maternel dont je vous ai toujours chérie, je viens vous supplier de nous accorder une grâce dont ma famille gardera un éternel souvenir.

La reine recula d'un pas, rouge d'étonnement et de colère ; mais, avant qu'elle eût trouvé les mots pour former une réponse, la grande-sénéchale continua d'une voix impassible :

— Je vous prie de créer mon fils comte d'Eboli.

— Cela ne dépend pas de moi, madame; les barons du royaume se révolteront en masse, si j'élève de ma simple autorité à une des premières comtés du royaume le fils...

— D'une blanchisseuse et d'un nègre, n'est-ce pas, madame? ajouta Robert en ricanant. Bertrand d'Artois se fâchera peut-être si je m'appelle comte comme lui.

Et il fit un pas vers le lit en portant la main sur le pommeau de son épée.

—Par pitié, Robert! s'écria la reine en l'arrêtant; je ferai tout ce que vous demandez.

Et elle signa le parchemin qui le déclarait comte d'Eboli.

— Et maintenant, pour que mon titre ne soit pas illusoire, continua Robert avec une impudente témérité, puisque vous êtes en train de signer, accordez-moi le privilége de prendre part aux conseils de la

couronne, et déclarez, sauf votre bon plaisir, que toutes les fois qu'il s'agira d'une
affaire grave, ma mère et moi nous aurons
dans le conseil une voix délibérative.

— Jamais! s'écria Jeanne en pâlissant.
Filippa, Robert, vous abusez de ma faiblesse, vous maltraitez indignement votre
reine. J'ai pleuré, j'ai souffert tous ces
jours derniers, accablée d'une terrible
douleur; je n'ai pas la force de m'occuper
d'affaires en ce moment. Retirez-vous, je
vous en prie; je me sens défaillir.

— Comment, ma fille, reprit la Catanaise d'un ton hypocrite, est-ce que vous
vous trouveriez mal? Venez vite vous re-
poser. — Et s'élançant vers le lit, elle saisit

le rideau qui cachait le comte d'Artois.

La reine poussa un cri perçant, et se jeta comme une lionne sur sa gouvernante.

— Arrêtez! dit-elle d'une voix suffoquée, voici le privilége que vous demandez; et maintenant sortez, si la vie vous est chère.

La Catanaise et son fils sortirent à l'instant, sans même répondre, car ils avaient obtenu tout ce qu'ils désiraient; et Jeanne, tremblante, éperdue, s'élança vers Bertrand d'Artois, qui, enflammé de colère, avait tiré le poignard et voulait se précipiter sur les deux favoris pour venger les insultes qu'ils venaient de faire à leur reine; mais le jeune homme fut bientôt désarmé par l'éclat de ces beaux yeux sup-

pliants, par ces deux bras qui entouraient
sa taille, par les larmes de Jeanne, et il
tomba à son tour à ses pieds, qu'il baisa
avec transport, sans songer à lui demander pardon de sa présence, sans lui parler
de son amour, comme s'ils s'étaient toujours aimés; il lui prodigua les plus tendres caresses, essuya ses larmes, effleura
ses beaux cheveux de ses lèvres frémissantes. Jeanne avait peu à peu oublié sa
colère, ses serments, son repentir : bercée
par les mélodieuses paroles de son amant,
elle répondait par monosyllabes sans rien
comprendre; son cœur batttait à lui briser
la poitrine, elle était retombée sous le
charme irrésistible de l'amour, lorsqu'un

nouveau bruit vint l'arracher brusquement à son extase ; mais, cette fois, le
jeune comte put se retirer sans aucune
précipitation dans une pièce voisine, et
Jeanne se disposa à recevoir l'importun
visiteur avec une dignité froide et sévère.

Celui qui arrivait si mal à propos pour
conjurer l'orage amassé sur le front de la
reine était Charles, l'aîné de la branche
des Duras. Après avoir présenté au peuple
sa belle cousine comme la seule souveraine
légitime, il avait cherché, à plusieurs reprises, l'occasion d'avoir un entretien qui,
suivant toutes les probabilités, devait être
décisif. Charles était un de ces hommes

qui ne reculent devant aucun moyen pour atteindre leur but; rongé par une ambition dévorante, habitué dès ses plus jeunes années à cacher ses désirs les plus brûlants sous une légère insouciance, marchant de combinaison en combinaison vers un objet déterminé, sans s'écarter d'une seule ligne du chemin qu'il s'était tracé; redoublant de prudence à chaque victoire et de courage à chaque défaite, pâle dans la joie, souriant dans la haine, impénétrable dans les plus fortes émotions de sa vie, il avait juré d'arriver au trône de Naples, dont il s'était cru longtemps l'héritier comme le plus proche neveu de Robert; et c'était à lui en effet qu'aurait

dû appartenir la main de Jeanne, si le
vieux roi ne s'était avisé, sur la fin de ses
jours, d'appeler André de Hongrie et de
réintégrer dans ses droits la branche aînée, à laquelle personne ne songeait plus.
Mais ni l'arivée d'André dans le royaume,
ni l'indifférence profonde avec laquelle
Jeanne, préoccupée par d'autres passions,
avait toujours accueilli les avances de son
cousin de Duras, n'avait affaibli un seul
instant la résolution de ce dernier; car
l'amour d'une femme et la vie d'un
homme ne pesaient rien pour Charles,
lorsqu'une couronne était sur l'autre pla-
teau de la balance.

Après avoir rôdé autour des appartements de la reine tout le temps qu'elle était restée strictement invisible, il se présenta avec un empressement respectueux pour s'informer de la santé de sa cousine. Le jeune duc avait rehaussé la noblesse de ses traits et l'élégance de sa taille par un magnifique costume tout fleurdelisé d'or et étincelant de pierreries. Son pourpoint de velours écarlate et sa toque de la même couleur relevaient par leur éclat les tons chauds de sa figure, et sa noire prunelle d'aigle lançait des éclairs et animait sa physionomie.

Charles parla longtemps à sa cousine de l'enthousiasme que le peuple avait montré à son avénement au trône et des

brillantes destinées qu'elle aurait à remplir; il traça un tableau rapide et exact de
la situation du royaume; et tout en prodi-
guant des éloges à la sagesse de la reine,
il indiqua adroitement les améliorations
que le pays réclamait avec plus d'ur-
gence; enfin, il mit dans son discours tant
de chaleur et tant de réserve à la fois,
qu'il parvint à détruire la fâcheuse impression que son arrivée avait produite.
Malgré les égarements d'une jeunesse dé-
pravée par la plus déplorable éducation,
Jeanne était portée par sa nature aux
grandes choses; s'élevant au-dessus de son
âge et de son sexe, dès qu'il s'agissait du
bonheur de ses sujets, elle oublia sa sin-

gulière position, et écouta le duc de Duras avec le plus vif intérêt et avec l'attention la plus bienveillante. Alors il hasarda
des allusions sur les dangers qui menaçaient la jeune reine ; il parla vaguement
de la difficulté de distinguer les véritables
dévouements des lâches complaisances et
des attachements intéressés ; il insista sur
l'ingratitude des personnes qu'on a le
plus comblées de bienfaits et dans lesquelles on avait le plus de confiance.
Jeanne, qui venait de faire une si douloureuse expérience de la vérité de ces paroles, répondit d'abord par un soupir,
puis après un instant de silence :

— Puisse Dieu, que j'appelle à témoin

de mes intentions droites et loyales, démasquer les traîtres et m'éclairer sur mes véritables amis! Je sais que le fardeau qu'on m'impose est bien lourd, et je ne présume pas trop de mes forces; mais la vieille expérience des conseillers auxquels mon aïeul a confié ma tutelle, le concours de ma famille, et surtout votre pure et cordiale amitié, mon cousin, m'aideront, je l'espère, dans l'accomplissement de mes devoirs.

— Mon vœu le plus sincère est que vous puissiez réussir, ma belle cousine, et je ne veux pas troubler des moments qui doivent être entièrement au bonheur par des pensées de méfiance et de doute; je ne veux pas mêler à la joie qui éclate de toutes parts en vous saluant du titre de reine des regrets stériles sur l'aveugle destinée qui place à côté de la femme que nous adorons tous, à côté de vous, ma cousine, dont un seul regard rendrait un homme plus heureux que les anges, un étranger indigne de partager votre cœur, incapable de partager votre trône.

— Vous oubliez, Charles, dit la reine en tendant la main comme pour arrêter ses paroles, vous oubliez qu'André est mon mari, et que c'est la volonté de notre aïeul qui l'a appelé à régner avec moi.

— Jamais ! s'écria le duc d'une voix indignée ; lui ! roi de Naples ! Mais songez

donc que la ville s'ébranlerait dans ses
fondements, que le peuple se soulèverait
en masse, que les cloches de nos églises
sonneront de nouvelles vêpres siciliennes,
avant que les Napolitains se laissent gou-
verner par une poignée de Hongrois ivres
et féroces, par un moine hypocrite et dif-
forme, par un prince qu'on déteste autant
qu'on vous aime.

— Mais qu'est-ce donc qu'on lui reproche? quelle est sa faute?

— Quelle est sa faute? qu'est-ce qu'on
lui reproche, madame? Le peuple lui reproche d'être incapable, grossier, sauvage; les nobles lui reprochent de violer
leurs privilèges, et de protéger ouverte-

mént des hommes d'une naissance ob-
scure; et moi, madame, ajouta-t-il en
baissant la voix, moi, je lui reproche de
vous rendre malheureuse.

Jeanne tressaillit comme si une main
rude eût froissé sa blessure; mais cachant
son émotion sous un calme apparent, elle
répondit du ton de la plus parfaite indifférence :

— Je crois que vous rêvez, Charles; qui
vous a autorisé à me croire malheureuse ?

— N'essayez pas de l'excuser, ma cousine, reprit Charles vivement, vous vous
perdriez sans le sauver.

La reine regarda son cousin fixement
comme pour lire au fond de son âme et

7

pour bien s'expliquer le sens de ces paroles ; mais ne pouvant pas croire à la
pensée horrible qui se présenta à son esprit, elle affecta une entière confiance
dans l'amitié de son cousin pour pénétrer
ses projets, et lui dit avec abandon :

— Eh bien, Charles, supposons que je
ne sois pas heureuse, quel remède sauriez-
vous me proposer pour échapper à mon
sort?

— Vous le demandez, ma cousine?
Est-ce que tous les moyens ne sont pas
bons lorsque vous souffrez et qu'il s'agit
de vous venger?

— Mais encore faut-il avoir recours à
des moyens possibles. André ne renoncera

pas facilement à ses prétentions : il a un parti qui le soutient, et dans le cas d'une rupture ouverte, son frère, le roi de Hongrie, peut nous déclarer la guerre et porter la désolation dans le royaume.

Le duc de Duras sourit légèrement, et sa physionomie prit une expression sinistre.

— Vous ne me comprenez pas, ma cousine.

— Expliquez-vous donc sans détour, dit la reine en faisant des efforts pour ne pas trahir le frisson convulsif qui agitait ses membres.

— Écoutez, Jeanne, dit Charles en prenant la main de sa cousine et en la portant sur son cœur, sentez-vous ce poignard?

—Je le sens, dit Jeanne en pâlissant.

— Un mot de vous… et…

— Eh bien?

—Et demain vous serez libre.

— Un meurtre! s'écria Jeanne en reculant d'horreur; je ne m'étais donc pas trompée! c'est un meurtre que vous veniez me proposer.

— Indispensable! ajouta le duc tranquillement; aujourd'hui, c'est moi qui le conseille; plus tard, ce sera vous qui l'ordonnerez.

— Assez, malheureux! je ne sais si vous êtes plus lâche que téméraire, ou plus té-

méraire que lâche : lâche, car vous
m'avouez un projet criminel parce que
vous êtes persuadé que je ne vous dé-
noncerai pas ; téméraire, parce qu'en me
l'avouant, vous ne savez pas s'il n'y a
point ici d'autres témoins qui nous écoutent.

— Eh bien, madame, puisque je viens
de me livrer, vous comprendrez que je ne
puis pas vous quitter avant de savoir si je
dois me regarder comme votre ami ou
comme votre ennemi.

— Sortez! s'écria Jeanne avec un geste
dédaigneux, vous insultez votre reine.

— Vous oubliez, ma cousine, que je

pourrais bien un jour avoir des droits à votre royaume.

— Ne m'obligez pas à vous faire chasser de ma présence, dit Jeanne en s'avançant vers la porte.

— Allons, ne vous emportez pas, ma belle cousine, je vous laisse ; mais rappelez-vous du moins que c'est moi qui vous ai tendu la main, et que c'est vous qui la repoussez. Retenez bien ce que je vous dis dans ce moment solennel : aujourd'hui je suis le coupable ; un jour, peut-être je serai le juge.

Et il s'éloigna lentement, tournant la tête à deux reprises, et lui jetant de loin, par un geste, sa menaçante prophétie.

Jeanne se cacha le visage dans ses mains, et resta longtemps abîmée dans ses réflexions douloureuses ; puis, la colère dominant chez elle tous les autres sentiments, elle appela dona Cancia, et lui intima l'ordre de ne plus laisser entrer personne, sous quelque prétexte que ce fût.

La défense n'était pas pour le comte d'Artois, car le lecteur se rappelle qu'il était dans la chambre à côté.

Cependant la nuit était tombée, et depuis le Môle jusqu'à Mergelline, depuis le château Capouan jusqu'à la colline de Saint-Elme, le plus profond silence avait succédé aux mille cris de la ville la plus bruyante de l'univers. Charles de Duras,

s'éloignant rapidement de la place des
Correggie, après avoir jeté sur le Château-Neuf un dernier regard de vengeance, s'enfonça dans le dédale de rues
obscures et tortueuses qui se croisaient en
tous sens dans l'ancienne cité, et au bout
d'un quart d'heure d'une marche tantôt
lente, tantôt précipitée, qui trahissait l'a-
gitation de son esprit, il arriva à son palais ducal, situé près de l'église de San-
Giovanni à Mare. Après avoir donné
quelques ordres d'une voix brusque et
dure à un de ses pages, auquel il remit
son épée et son manteau, Charles, s'enferma dans son appartement, sans monter chez sa pauvre mère, qui dans ce

moment pleurait, triste et seule, sur l'ingratitude de son fils, et se vengeait, comme toutes les mères, en priant Dieu pour lui.

Le duc de Duras fit plusieurs tours dans sa chambre comme un lion dans sa cage, comptant les minutes et dévoré par son impatience ; il allait appeler un de ses valets pour renouveler ses ordres, lorsque deux coups frappés sourdement à la porte l'avertirent que la personne qu'il attendait venait enfin d'arriver. Il ouvrit vivement, et un homme d'une cinquantaine d'années, noir de la tête aux pieds, entra avec les plus humbles révérences, et referma soigneusement la porte après lui.

Charles se jeta sur un fauteuil, et regardant fixement cet homme, qui se tenait debout devant lui, les yeux baissés vers la terre, les bras croisés sur la poitrine dans l'attitude du plus profond respect et de la plus aveugle obéissance, il lui dit lentement et pesant chaque parole :

— Maître Nicolas de Melazzo, avez-vous encore quelque souvenir des services que je vous ai rendus?

L'homme à qui ces mots s'adressaient frissonna de tous ses membres, comme s'il eût entendu retentir à son oreille la voix de Satan réclamant son âme; puis, levant sur son interlocuteur un regard effaré, il demanda d'une voix sombre :

— Qu'ai-je fait, monseigneur, pour mé-
riter un tel reproche?

— Ce n'est pas un reproche que je vous
adresse, notaire, c'est une simple question.

— Monseigneur peut-il douter un instant de ma reconnaissance éternelle? Moi,
oublier les bienfaits de votre excellence?
Mais quand même je perdrais à un tel
point la raison et la mémoire, ma femme
et mon fils ne sont-ils pas là tous les jours
pour me rappeler que nous vous devons
tout, la fortune, la vie, l'honneur? Je m'é-
tais rendu coupable d'une action infâme,
continua le notaire en baissant la voix,
d'un faux qui entraînait non-seulement

pour moi la peine de mort, mais aussi la
confiscation de mes biens, la désolation
de ma famille, la misère et la honte de mon
fils unique, de ce même fils auquel j'avais
voulu, malheureux que j'étais, assurer un
brillant avenir par un crime épouvantable; vous aviez dans vos mains les
preuves de ce crime...

— Je les ai encore...

— Et vous ne me perdrez pas, monseigneur, reprit le notaire en tremblant; me
voici à vos pieds, prenez ma vie, excellence, j'expirerai dans les tourments sans
me plaindre; mais sauvez mon fils, puisque vous avez été si clément de l'épargner

jusqu'ici; grâce pour sa mère! grâce, monseigneur!

— Rassure-toi, dit Charles en lui faisant signe de se relever, il ne s'agit pas de ta vie; cela viendra peut-être. Ce que j'ai à te demander à présent est bien plus facile et plus simple.

— J'attends vos ordres, monseigneur.

— Et d'abord, reprit le duc d'un ton ironiquement enjoué, tu vas rédiger en bonne forme le contrat de mon mariage.

— A l'instant même, excellence.

— Tu écriras dans le premier article, que ma femme m'apporte en dot la comté d'Alba, la justice de Grati et de Giordano, avec tous les châteaux, les fiefs et les terres qui en dépendent.

— Mais, monseigneur... répondit le pauvre notaire avec embarras.

— Est ce que vous y trouvez quelque difficulté, maître Nicolas?

— Dieu m'en garde, excellence, mais...

— Qu'est-ce donc?

— C'est que, si monseigneur me permet... c'est qu'il n'y a à Naples qu'une personne qui possède la dot que votre excellence vient de désigner.

— Après ?

— Et cette personne, balbutia le notaire, de plus en plus embarrassé, est la sœur de la reine.

— Aussi écriras-tu dans le contrat le nom de Marie d'Anjou.

— Mais, répliqua encore timidement maître Nicolas, la jeune fille que votre excellence désire épouser a été destinée, il me semble, dans le testament du feu roi notre seigneur de bienheureuse mémoire, à devenir la femme du roi de Hongrie, ou du petit-fils du roi de France.

— Ah! ah! je comprends ton étonnement, mon cher notaire; ceci t'apprendra que la volonté des oncles n'est pas toujours la volonté des neveux.

— En ce cas, si j'osais... si monseigneur daignait m'accorder la permission... si j'avais un avis à donner, je supplierais bien humblement votre excellence de réfléchir qu'il s'agit de l'enlèvement d'une mineure.

— Depuis quand avez-vous des scrupules, maître Nicolas?

Cette apostrophe fut accompagnée d'un regard si terrible, que le pauvre notaire atterré eut à peine la force de répondre :

— Dans une heure le contrat sera prêt.

— Ainsi nous sommes d'accord sur le premier point, continua Charles en reprenant son ton de voix naturel. Voici maintenant ma seconde commission. Tu connais, je crois, depuis plusieurs années, et d'une manière assez intime, le valet de chambre du duc de Calabre?

— Tommaso Pace! c'est mon meilleur ami.

— A merveille! Écoute-moi donc, et songe que de ta discrétion dépend le salut ou la ruine de ta famille. Un complot ne tardera pas à s'ourdir contre le mari de la reine; les conjurés gagneront sans doute le valet d'André, l'homme que tu appelles ton meilleur ami; ne le quitte pas un instant, cherche à t'attacher à lui comme une ombre; et jour par jour, heure par heure, viens me rapporter fidèlement les progrès de la conspiration et les noms des complices.

— C'est tout ce que votre excellence avait à m'ordonner?

— C'est tout.

Le notaire s'inclina respectueusement,
et sortit pour mettre à exécution sans délai les ordres qu'il venait de recevoir.
Charles passa le reste de la nuit à écrire à
son oncle le cardinal de Périgord, un des
prélats les plus influents de la cour d'Avignon. Il le priait avant tout d'employer
son autorité pour empêcher que Clément VI ne signât la bulle du couronnement d'André, et il terminait sa lettre en
faisant les plus vives instances à son oncle
pour lui obtenir du pape la permission
d'épouser la sœur de la reine.

— Nous verrons, ma cousine, dit-il en
cachetant sa lettre, lequel de nous deux

comprend mieux ses intérêts. Vous ne voulez pas m'accepter pour ami, eh bien ! vous m'aurez pour adversaire. Endormez-vous dans les bras de vos amants, je vous réveillerai quand l'heure sera venue. Un jour, je serai peut-être duc de Calabre, et ce titre-là, vous ne l'ignorez pas, ma cousine, est le titre de l'héritier du trône !

Le lendemain et les jours suivants, on remarqua un changement complet dans les manières de Charles à l'égard d'André; il l'aborda avec les marques de la plus vive sympathie, flatta ses goûts avec adresse, et fit croire à frère Robert que, loin d'être hostile au couronnement d'André,

son plus ardent désir était de voir respecter les volontés de son oncle, et que s'il
avait paru agir dans un sens contraire, il
l'avait fait dans le but d'apaiser la populace, qui, dans sa première effervescence,
aurait pu se soulever contre les Hongrois.
Il déclara avec énergie qu'il détestait cordialement les personnes qui entouraient la
reine pour l'égarer par leurs conseils, et
s'engagea à joindre ses efforts à ceux de
frère Robert pour renverser les favoris de
Jeanne par tous les moyens que le sort
mettrait à sa portée. Quoique le dominicain ne fût nullement persuadé de la sincérité du récit de son allié, il n'en accepta
pas moins avec joie un appui qui pouvait

être si utile à la cause de son prince, attri-
buant la conversion subite de Charles à
une rupture récente avec sa cousine, et se
promettant de mettre à profit le ressenti-
ment du duc de Duras. Quoi qu'il en fût,
Charles s'insinua tellement dans le cœur
d'André, qu'au bout de quelques jours il
était impossible de voir l'un sans l'autre.
Si André partait pour la chasse, plaisir
qu'il affectionnait de préférence, Charles
s'empressait de mettre à sa disposition sa
meute et ses faucons; si André chevau-
chait par la ville, Charles caracolait à son
côté. Il se prêtait à tous ses caprices, le
poussait aux excès, envenimait ses co-
lères; en un mot, il était le bon ou le

mauvais esprit qui soufflait au prince
toutes ses pensées et dirigeait toutes ses
actions.

Jeanne comprit bientôt ce manége, auquel, du reste, elle s'attendait. Elle aurait
pu d'un seul mot perdre Duras ; mais, dé-
daignant une si basse vengeance, elle le
traita avec le plus profond mépris. La
cour se trouva ainsi divisée en deux partis : d'un côté, les Hongrois, dirigés par
frère Robert et appuyés ouvertement par
Charles de Duras ; de l'autre côté, toute la
noblesse napolitaine, à la tête de laquelle
étaient les princes de Tarente. Jeanne,
dominée par la grande-sénéchale et par
ses deux filles, la comtesse de Terlizzi et la

comtesse de Morcone, par dona Cancia et par l'impératrice de Constantinople, embrassa le parti napolitain contre les prétentions de son mari. Le premier soin des partisans de la reine fut d'inscrire son nom dans tous les actes publics, sans y joindre celui d'André ; mais Jeanne, guidée par un instinct de probité et de justice au milieu de la corruption de sa conr, n'avait consenti à cette dernière manifestation que d'après les conseils d'André d'Isernia; un des plus savants jurisconsultes de cette époque, également respectable par son caractère élevé et par sa haute sagesse. Le prince, irrité de se voir exclu des affaires, riposta par la violence et le despotisme. Il

délivra des prisonniers de sa propre autorité, partagea ses faveurs parmi les Hongrois, et combla d'honneurs et de ri-
chesses Jean Pipino, comte d'Altamura,
l'ennemi le plus redoutable et le plus dé-
testé des barons napolitains. Ce fut alors
que les comtes de San-Severino et de Mileto, de Terlizzi et de Balzo, de Catanzaro
et de Saint-Ange, et la plupart des grands
du royaume, exaspérés par la hauteur in-
solente que déployait de jour en jour le
favori d'André, décidèrent sa perte et
celle de son protecteur lui-même, s'il persistait à attaquer leurs priviléges et à braver leur colère.

   D'un autre côté, les femmes qui entouraient la reine la poussaient, chacune selon son intérêt, dans sa nouvelle passion ; et la pauvre Jeanne, délaissée par son mari, trahie par Cabane, fléchissant sous le fardeau de devoirs trop au-dessus de ses forces, se réfugiait dans l'amour de Bertrand d'Artois, qu'elle n'essayait même pas de combattre ; car tous les principes de religion et de vertu avaient été détruits à dessein dans l'esprit de la jeune reine, et son âme s'était de bonne heure pliée au vice, comme le corps de ces pauvres créatures dont les os sont brisés par les jongleurs. Quant à Bertrand, il l'adorait avec une ardeur qui dépassait toutes les bornes des passions humaines. Arrivé au comble d'un bonheur qu'il n'avait jamais osé espérer dans ses rêves les plus téméraires, le jeune comte avait failli en perdre la raison. En vain son père, Charles d'Artois, comte d'Aire, descendant en droite ligne de Philippe-le-Hardi et un des régents du royaume, avait tâché, par des admonestations sévères, de l'arrêter au bord du précipice; Bertrand n'écoutait que son amour pour Jeanne et sa haine implacable pour tous les ennemis de la reine. Souvent, à la chute du jour, tandis que la brise du Pausilippe ou de Sorrente venait de loin se jouer dans ses cheveux, on pouvait le voir, accoudé sur une des croisées du Château-Neuf, pâle, immobile, regardant fixement du côté de

la place au moment où le duc de Calabre
et le duc de Duras, galopant côte à côte
au milieu d'un nuage de poussière, s'en
revenaient joyeusement de leur promenade
du soir. Alors les sourcils du jeune comte
se rapprochaient par une contraction violente, son regard d'un bleu si pur lançait
des lueurs fauves et sinistres, une pensée
de vengeance et de mort traversait son
front comme un éclair : puis on le voyait
tout à coup tressaillir, une main légère
s'appuyait sur son épaule ; il se tournait
doucement, de peur que la divine apparition ne s'envolât vers le ciel, et il trouvait
debout derrière lui une jeune femme qui,
les joues en feu, le sein agité, les yeux

brillants et humides, venait lui faire le récit de sa journée, et lui demander un baiser sur le front pour prix de ses travaux
et de son absence. Et cette femme, qui venait de dicter des lois et de rendre la justice au milieu de graves magistrats et de
ministres austères, n'avait que quinze ans;
et ce jeune homme, qui comprimait sa
douleur, et qui, pour la venger, méditait
un régicide, n'en avait pas encore vingt;
deux enfants jetés sur la terre pour être le
jouet d'une si terrible destinée !

Deux mois et quelques jours s'étaient
ainsi écoulés depuis la mort du vieux roi,
lorsqu'un matin, le vendredi 28 mars de
cette même année 1343, la grande-séné-

chale Filippa, qui avait déjà trouvé moyen
de se faire pardonner le lâche guet-apens
par lequel l'ancienne gouvernante avait
forcé la main de la reine à signer tout ce
que son fils demandait, Filippa, disons-
nous, agitée par une terreur véritable,
pâle et défaite, entra dans les apartements
de la reine, pour lui apporter une nouvelle qui devait répandre l'alarme et le
deuil dans toute la cour ; Marie, la jeune
sœur de Jeanne, avait disparu. On avait
parcouru les cours et les jardins pour dé-
couvrir quelque trace ; on avait cherché
dans tous les coins du château, on avait interrogé les gardes et on les avait menacés
de les mettre à la torture pour leur arra-

cher la vérité ; personne n'avait aperçu la
princesse, et aucun indice n'avait été recueilli qui pût justifier la supposition d'une
fuite ou d'un enlèvement. Jeanne, frappée
par ce coup inattendu, qui venait ajouter
une nouvelle douleur à tous ses chagrins,
demeura d'abord dans un état d'anéantis-
sement complet ; puis quand elle fut reve-
nue de sa première surprise, elle s'empor-
ta comme tous les malheureux à qui le désespoir ôte la raison, donna des ordres
qu'on avait déjà exécutés, répéta mille fois
les mêmes demandes pour entendre toujours les mêmes réponses, suivies de regrets stériles et d'injustes reproches. Bientôt la nouvelle se répandit dans la ville et

y causa un profond étonnement ; une immense clameur s'éleva dans le château, les membres du conseil de régence se rassemblèrent à la hâte, on expédia des courriers dans toutes les directions, promettant trois mille ducats d'or à celui qui révélerait le lieu où l'on cachait la princesse, et un procès fut immédiatement instruit contre les soldats qui, au moment de la disparition, veillaient à la garde de la forteresse.

Bertrand d'Artois tira la reine à l'écart, et lui communiqua ses soupçons, qui tombèrent directement sur Charles de Duras, mais Jeanne ne tarda pas à le convaincre de l'invraisemblance de son hypothèse : d'abord, Charles n'avait pas remis le

pied au Château-Neuf depuis le jour de son
orageuse explication avec la reine, affec-
tant de quitter toujours André près du
pont, toutes les fois qu'il l'accompagnait
dans la ville ; ensuite, on n'avait jamais remarqué, même par le passé, que le jeune
duc eût adressé une parole à Marie ou
échangé un regard avec elle ; il résultait
enfin de tous les témoignages qu'aucun
étranger n'avait pénétré dans l'intérieur
du château la veille de l'événement, à l'exception d'un notaire nommé maître Nicolas de Melazzo, vieux bonhomme moitié
fou, moitié dévot, et dont Tommaso Pase,
valet de chambre du duc de Calabre, répondait sur sa tête. Bertrand se rendit aux

raisons de la reine, et tous les jours il mit en avant de nouvelles suppositions moins probables les unes que les autres, pour entretenir sa maîtresse dans un espoir qu'il était loin de partager.

Mais un mois après la disparition de la jeune fille, et précisément le matin du lundi 30 avril, une scène étrange et inouïe, et dont la témérité dépassait tous les calculs, vint frapper de stupeur le peuple napolitain, et changea en indignation la douleur de Jeanne et de ses amis. Aussitôt que la cloche de l'église de San-Giovani sonna midi, les portes du magnifique palais des Duras s'ouvrirent à deux battants, et un double rang de cavaliers, montés sur des che-

1. .9

vaux richement caparaçonnés et portant
sur les boucliers les armes du duc, sortit au
son des trompettes, et se rangea tout autour de la maison, pour empêcher les gens
du dehors de troubler la cérémonie qui
allait se passer aux yeux d'une foule immense rassemblée tout à coup, et comme
par enchantement, sur la place. Au fond
de la cour s'élevait un autel, et sur l'estrade
on avait préparé deux coussins de velours
cramoisi sur lesquels étaient brodés en or
les fleurs de lys de France et la couronne
ducale. Charles s'avança revêtu d'un costume éblouissant, et tenant par la main la
sœur de la reine, la princesse Marie, jeune
fille qui n'avait alors que treize ans tout au

plus. Elle s'agenouilla timidement sur uu
des coussins, et lorsque Charles en eut fait
autant, le grand aumônier de la maison de
Duras demanda solennellement au jeune
duc quelles étaient ses intentions en se pré-
sentant dans cette humble attitude devant
un des ministres de l'Église. A ces mots,
maître Nicolas de Melazzo se plaça à la gauche de l'autel, et lut d'une voix ferme et
claire d'abord l'acte de mariage contracté
entre Charles et Marie, et ensuite les lettres
apostoliques de sa sainteté le souverain
pontife Clément VI, qui, levant de son
plein pouvoir tous les obstacles qui auraient pu empêcher cette union, 'tels que
l'âge de la jeune fille et les degrés de pa-

renté qui existaient entre les deux époux, autorisait son fils bien-aimé Charles, duc de Duras et d'Albanie, à se marier avec la très illustre Marie d'Anjou, sœur de Jeanne, reine de Naples et de Jérusalem, et leur accordait sa sainte bénédiction.

L'aumônier prit alors la main de la jeune fille, et après l'avoir placée dans la main de Charles, il prononça les prières de l'Église. Après quoi, Charles, se tournant à moitié vers le peuple, dit d'une voix forte :

— Devant Dieu et devant les hommes, celle-ci est ma femme.

— Et celui-ci est mon mari, ajouta Marie en tremblant.

— Vivent le duc et la duchesse de Duras ! s'écria la foule en battant des mains.

Et les deux époux, montant aussitôt sur
deux chevaux d'une extrême beauté, sui-
vis de leurs cavaliers et de leurs pages, firent solennellement le tour de la ville, et
rentrèrent dans leur palais au bruit des
applaudissements et au son des fanfares.

Lorsque cette incroyable nouvelle fut
rapportée à la reine, la première impression qu'elle produisit sur son âme fut une
grande joie d'avoir enfin retrouvé sa sœur;
et comme Bertrand d'Artois voulait monter à cheval, à la tête des barons, pour s'é-
lancer sur le cortége et punir le ravisseur,
Jeanne l'arrêta de la main, en levant sur

lui un regard d'une profonde mélancolie.

— Hélas ! lui dit-elle tristement, il est trop tard ! Ils sont légitimement mariés, puisque le chef de l'Église, qui est en même temps, d'après la volonté de mon aïeul, le chef de notre famille, leur a accordé sa permission. Je plains seulement ma pauvre sœur, je la plains d'être, si jeune encore, la proie d'un misérable qui l'immole à son ambition, espérant obtenir par ces noces des droits à ma couronne. Mon Dieu! quelle étrange fatalité pèse donc sur la branche royale d'Anjou ! Mon père est mort jeune au milieu de ses triomphes; ma pauvre mère n'a pas tardé à le suivre au tombeau ; ma sœur et moi, derniers re-

jetons de Charles Ier, nous voici toutes
deux, avant même d'être femmes, livrées
à des lâches qui nous regardent comme un
marchepied pour monter au pouvoir.

Jeanne retomba brisée sur un siége, et
une larme brûlante trembla au bord de sa
paupière.

— C'est la seconde fois, reprit Bertrand
d'un ton de reproche, que je tire mon épée
pour venger vos insultes, et c'est la seconde fois que mon épée rentre dans le four-
reau par vos ordres ; mais souvenez-vous,
Jeanne, que la troisième fois, je ne serai
plus si docile ; car ma vengeance ne frap-
pera alors ni Robert de Cabane, ni

Charles de Duras, mais celui qui est l'origine de tous vos malheurs.

— Par pitié, Bertrand, ne prononcez pas,
vous aussi, ces paroles; laissez-moi venir
à vous toutes les fois que cette idée horrible s'empare de mon esprit, que cette
menace sanglante bourdonne à mes
oreilles, que cette image sinistre se dresse
devant mes yeux; laissez-moi venir à vous,
mon bien-aimé, pour pleurer dans votre
sein, pour rafraîchir à votre souffle mes
brûlantes pensées, pour puiser dans vos
regards un peu de courage qui puisse
raviver mon âme flétrie. Allez, je suis déjà
assez malheureuse, sans empoisonner mon
avenir par un remords éternel. Parlez-moi

plutôt de pardon et d'oubli, au lieu de me parler de haine et de vengeance ; montrez-moi un rayon d'espoir au milieu des ténè-bres qui m'environnent ; et soutenez mes pas chancelants, au lieu de me pousser dans l'abîme.

Ces altercations se répétaient tous les jours à chaque nouveau tort d'André ou de son parti ; et à mesure que les attaques de Bertrand et des amis de la reine deve-naient plus vives, et, il faut le dire, plus justes, Jeanne les repoussait plus faible-ment. La domination hongroise, de plus en plus arbitraire et insupportable, irrita tellement les esprits, que le peuple en mur-mura tout bas, et les nobles en exprimèrent

à haute voix leur mécontentement. Les soldats d'André se livraient à des excès qui
n'auraient pas été tolérables dans une ville
conquise ; on les rencontrait à chaque
pas se disputant dans les tavernes ou se
vautrant dans les ruisseaux dans un état
d'ivresse révoltante, et le prince, loin de
condamner leurs orgies, était accusé de
les partager. Son ancien gouverneur, qui
aurait dû, par son autorité, l'arracher à
cette ignoble existence, le plongeait dans
les plaisirs abrutissants pour l'éloigner des
affaires, et hâtait, sans s'en douter, le dé-
noûment de ce drame terrible qu'on jouait
sourdement au Château-Neuf.

La veuve de Robert, dona Sancia d'Ara-

gon, cette digne et sainte femme que nos
lecteurs ont peut-être oubliée, comme on
l'avait oubliée dans sa famille, voyant la
colère céleste planer sur sa maison sans
qu'elle pût l'arrêter par ses conseils, par
ses prières, par ses larmes, après avoir
porté une année entière, ainsi qu'elle en
avait fait la promesse, le deuil du roi son
mari, prit le voile dans le couvent de
Sainte-Marie-de-la-Croix, abandonnant cette pauvre cour à ses passions in-
sensées, comme les anciens prophètes, qui
tournant le dos aux villes maudites, se-
couaient la poussière de leurs sandales et
s'éloignaient d'elles. La retraite de Sancia
fut d'un triste présage, et bientôt les dis-

sensions intestines, péniblement étouffées, éclatèrent au grand jour; l'orage, après avoir grondé dans le lointain, s'abattit tout à coup sur la ville, et la foudre ne se fit pas attendre longtemps.

Le dernier jour d'août de l'année 1344, Jeanne prêta hommage dans les mains d'Améric, cardinal de Saint-Martin-des-Monts, et légat de Clément **VI**, qui regardait toujours le royaume de Naples comme inféodé à l'Église depuis la donation que ses prédécesseurs en avaient faite à Charles d'Anjou, après avoir excommunié et détrôné la maison de Souabe. L'église de Sainte-Claire, tombeau des monarques napolitains, où reposaient dans

des sépultures récentes, à droite et à gauche du maître-autel, l'aïeul et le père de la
jeune reine, fut choisie pour cette cérémonie solennelle. Jeanne, revêtue de la
chlamyde royale, le front entouré de sa
couronne, prêta son serment de fidélité
dans les mains du légat apostolique, en la
présence de son mari, qui se tenait debout derrière elle en qualité de simple témoin comme les autres princes du sang.
Parmi les prélats qui, ornés de leurs insi-
gnes pontificaux, formaient la suite brillante de l'envoyé d'Avignon, on remarquait
les archevêques de Pise, de Bari, de Capoue et de Brindes, et les révérends pères
Hugolin, évêque de Castella, et Philippe,

évêque de Cavaillon, chancelier de la reine.
Toute la noblesse napolitaine et hongroise
était présente à cet acte qui écartait André
du trône d'une manière si formelle et si
éclatante. Aussi, à la sortie de l'église,
l'effervescence des partis arriva-t-elle à une
crise tellement imminente, on échangea
des regards si hostiles et des propos si me-
naçants, que le prince, se voyant trop faible
pour lutter contre ses ennemis, écrivit le
soir même à sa mère, en lui déclarant que
son intention était de quitter un pays où
depuis son enfance il n'avait éprouvé que
déceptions et malheurs.

Ceux qui connaissent le cœur d'une
mère devineront facilement qu'Élisabeth

de Pologne fut à peine avertie du danger
que courait son fils, qu'elle arriva à
Naples immédiatement et avant que personne soupçonnât sa venue. Le bruit se
répandit aussitôt que la reine de Hongrie
venait chercher son fils pour l'emmener
avec elle, et cette résolution inespérée
souleva d'étranges commentaires, et donna une nouvelle direction à la fiévreuse
turbulence des esprits. L'impératrice de
Constantinople, la Catanaise et ses deux
filles, et tous les courtisans, dont les calculs étaient déjoués par le brusque départ
d'André, s'empressèrent de fêter l'arrivée
de la reine de Hongrie par l'accueil le plus
cordial et le plus respectueux, pour lui

prouver que l'isolement et l'amertume du jeune prince au milieu d'une cour si prévenante et si dévouée ne tenaient qu'aux injustes défiances de son orgueil et à la sauvagerie naturelle de son caractère. Jeanne reçut la mère de son mari avec un sentiment si ferme et si légitime de sa dignité, que, malgré ses préventions, Élisabeth ne put s'empêcher d'admirer la noblesse sérieuse et la sensibilité profonde de sa belle-fille. Pour rendre à la noble étrangère plus agréable le séjour de Naples, on donna des fêtes et des tournois dans lesquels les barons du royaume rivalisèrent de luxe et d'éclat. L'impératrice de Constantinople et la Catanaise, Charles de Duras et sa jeune femme, se montrèrent les plus empressés auprès de la mère du prince. Marie, qui, par son extrême jeunesse et par la douceur de son caractère, restait tout à fait en dehors des intrigues, céda plus aux impulsions de son cœur qu'aux ordres de son mari en reportant sur la reine de Hongrie toute la tendresse et tous les égards qu'elle aurait eus pour sa propre mère. Mais malgré ces protestations de respect et d'amour, Élisabeth de Pologne, tremblant pour son fils, par un instinct de sollicitude maternelle, persistait dans sa première intention, ne se croyant en sûreté que lorsque André serait bien loin de cette cour si douce en apparence, si perfide en réalité.

Celui qui paraissait le plus consterné de ce départ, et qui essayait de l'empêcher par tous les moyens, était frère Robert. Plongé dans ses combinaisons politiques, courbé sur ses plans mystérieux avec l'acharnement d'un joueur au moment de gagner sa partie, le dominicain, qui se voyait à la veille d'un immense résultat, qui, à force de ruse, de labeur et de patience, allait enfin écraser ses ennemis et régner en maître absolu, tombant tout à coup du haut de ses rêves, se raidit par un effort suprême contre la mère de son élève. Mais la crainte parlait plus haut

dans le cœur d'Elisabeth que tous les rai-
sonnements du moine, et à chaque argument que frère Robert avançait elle se
contentait de répondre que, tant que son
fils ne serait pas roi et n'aurait pas une
puissance entière et illimitée, il était im-
prudent de le laisser exposé à ses ennemis. Le ministre, voyant que tout était
perdu et qu'il lui serait impossible de
combattre les appréhensions de cette
femme, se borna à lui demander encore
trois jours, au bout desquels, si la réponse qu'il attendait n'était pas arrivée,
non-seulement il ne s'opposerait plus au
départ d'André, mais il le suivrait lui-

même, renonçant pour toujours à un projet qui lui avait tant coûté.

Vers la fin du troisième jour, et comme Elisabeth se préparait définitivement à partir, le moine entra d'un air radieux, et lui montrant une lettre dont il venait de briser à la hâte les cachets :

— Dieu soit loué, madame, s'écria-t-il d'une voix triomphante, je puis enfin vous donner des preuves incontestables de l'activité de mon zèle et de la justesse de mes prévisions.

La mère d'André, après avoir parcouru avidement le parchemin, reportait les yeux sur le moine avec un reste de défiance, n'osant pas s'abandonner à la joie qui débordait de son cœur.

— Oui, madame, reprit le moine en élevant le front, et sa laideur s'éclaira par les reflets du génie, oui, madame, vous pouvez en croire vos yeux, puisque vous n'avez pas voulu ajouter foi à mes paroles : ce n'est pas le rêve d'une imagination trop ardente, l'hallucination d'un esprit trop crédule, le préjugé d'une raison trop étroite ; c'est un plan lentement conçu, péniblement élaboré, adroitement conduit ; c'est le fruit de mes veilles, la pensée de mes jours, l'œuvre de ma vie entière. Je n'ignorais pas que la cause de votre fils avait de puissants ennemis à la

cour d'Avignon; mais je savais aussi que
le jour où je prendrais au nom de mon
prince l'engagement solennel de retirer
ces lois qui avaient jeté de la froideur entre le pape et Robert, d'ailleurs si dévoué
à l'Eglise, je savais qu'on ne résisterait
pas à mon offre, et je gardais ma proposition pour le dernier coup. Vous le voyez,
madame, mes calculs étaient justes, nos
ennemis ont été confondus, et votre fils
triomphe.

Et se tournant vers André, qui arrivait
à l'instant même, et, n'ayant entendu que
les dernières paroles, restait interdit sur
le seuil de la porte :

— Venez, mon enfant, ajouta-t-il; nos

vœux sont enfin comblés, vous êtes roi.

— Roi ! répéta André à son tour, immobile de joie, d'hésitation et d'étonnement.

— Roi de Sicile et de Jérusalem ; oh !
oui, monseigneur ! vous n'avez pas besoin
de lire dans ce parchemin qui nous apporte une nouvelle aussi heureuse qu'inespérée. Voyez-le aux larmes de votre mère,
qui vous ouvre les bras pour vous presser
sur son sein ; voyez-le aux transports de
votre vieux précepteur, qui se jette à vos
genoux pour vous saluer d'un titre qu'il
aurait consacré de son sang, si l'on s'était
obstiné plus longtemps à vous le refuser.

— Et pourtant, reprit Elisabeth après

avoir tristement réfléchi, si j'écoutais mes
pressentiments, la nouvelle que vous venez de m'annoncer ne changerait rien à
nos projets de départ.

— Non, ma mère, reprit André avec
énergie, vous ne voudriez pas m'obliger à
quitter le royaume au détriment de mon
honneur. Si j'ai versé dans votre âme
l'amertume et le chagrin dont mes lâches
ennemis ont abreuvé ma jeunesse, ce n'est
pas le découragement qui m'a fait agir
ainsi, mais l'impuissance dans laquelle je
me voyais de tirer une vengeance éclatante et terrible de leurs insultes secrètes,
de leurs outrages détournés, de leurs me-
nées souterraines. Ce n'était pas la force

qui manquait à mon bras, c'était une couronne qui manquait à mon front. J'aurais pu écraser quelques-uns de ces misérables, peut-être les plus téméraires, peut-être les moins dangereux ; mais j'aurais frappé dans l'ombre, mais les chefs m'auraient échappé, mais je n'aurais jamais atteint au cœur cette conspiration infernale. Aussi ai-je dévoré dans le silence l'indignation et la honte. Et maintenant que mes droits sacrés sont reconnus par l'Eglise, vous les verrez, ma mère, ces barons redoutables, ces conseillers de la reine, ces tuteurs du royaume, vous les verrez tomber le front dans la poussière ; car ce n'est pas une épée qui les

menace, ce n'est pas un combat qu'on
leur propose, ce n'est pas un de leurs
égaux qui, leur parle, c'est le roi qui accuse, c'est la loi qui condamne, c'est
l'échafaud qui punit.

— O mon fils bien-aimé, s'écria la reine
en pleurant, je n'ai jamais douté ni de la
noblesse de tes sentiments ni de la justice
de tes droits ; mais lorsque ta vie est en
danger, puis-je écouter une autre voix que
celle de la crainte? puis-je donner d'autres
conseils que ceux que m'inspire mon
amour?

— Croyez-moi, ma mère, si la main de
ces lâches n'avait pas tremblé autant que

leur cœur, depuis longtemps vous eussiez pleuré votre fils.

— Aussi n'est-ce pas la violence que je crains, mais la trahison.

— Ma vie appartient à Dieu comme celle de tous les hommes, et le dernier des sbires peut la prendre au détour d'un chemin ; mais un roi se doit à son peuple.

La pauvre mère essaya longtemps de fléchir la résolution d'André par des raisons et par des prières ; mais quand elle eut épuisé son dernier argument et versé sa dernière larme, voyant qu'il lui faudrait se séparer de son fils, elle fit appeler auprès d'elle Bertram de Baux, maître justicier du royaume, et Marie, duchesse

de Duras, et, confiante dans la sagesse
du vieillard et dans l'innocence de la jeune
femme, elle leur recommanda son enfant
avec les paroles les plus tendres et les
plus déchirantes; puis elle retira de son
propre doigt une bague richement tra-
vaillée, et, prenant le prince à l'écart,
elle la lui passa à l'index; après quoi, le
serrant dans ses bras :

— Mon fils, lui dit-elle d'une voix émue
et tremblante, puisque tu refuses de me
suivre, voici un talisman merveilleux
dont je ne devais faire usage qu'à la dernière extrémité. Tant que tu auras au
doigt cette bague, ni le fer ni le poison
ne pourront rien contre toi.

— Vous le voyez bien, ma mère, répondit le prince en souriant, protégé ainsi, vous n'avez plus aucune raison de craindre pour mes jours.

— On ne meurt pas seulement par le poison ou par le fer, reprit la reine en soupirant.

— Rassurez-vous, ma mère; le plus puissant talisman contre tous les dangers, ce sont les prières que vous adresserez à Dieu pour moi; c'est votre doux souvenir qui me soutiendra toujours dans le chemin du devoir et de la justice; c'est votre amour maternel qui veillera de loin sur moi et me couvrira de ses ailes comme un ange tutélaire.

Elisabeth embrassait son fils en sanglo-
tant ; et en se détachant de lui, elle croyait
que son cœur allait se briser dans sa poitrine. Enfin elle se décida à partir, suivie
par toute la cour, qui n'avait pas démenti
un seul instant à son égard sa courtoisie
chevaleresque et son respectueux empressement. La pauvre mère, pâle, chancelante, anéantie, s'appuyait en marchant
sur le bras d'André pour ne pas tomber.
Arrivée sur le navire qui devait la séparer
à jamais de son fils, elle se jeta une dernière fois à son cou, demeura ainsi longtemps sans voix, sans larmes, sans mouvement, et lorsque le signal du départ
fut donné, ses femmes la reçurent dans

leurs bras à moitié évanouie. André était resté sur le rivage, la mort dans l'âme, les yeux fixés sur cette voile qui s'éloignait rapidement, emportant tout ce qu'il aimait au monde. Tout à coup il lui parut qu'on agitait au loin quelque chose de blanc; c'était sa mère qui, recouvrant l'usage de ses sens, par un effort suprême, se traînait sur le pont pour lui faire un dernier signe d'adieu; car elle sentait bien, l'infortunée, que c'était la dernière fois qu'elle verrait son fils.

Presque au même instant que la mère d'André s'éloignait du royaume, l'ancienne reine de Naples, la veuve de Robert, dona Sancia d'Aragon, rendait son dernier soupir. Elle fut enterrée dans le couvent de Sainte-Marie-de-la-Croix, sous le nom de Claire, qu'elle avait pris en prononçant ses vœux de religieuse, comme le dit son épitaphe, conçue en ces termes :

« Ci-gît, comme un exemple de grande humilité, le corps de la sainte sœur Claire, d'illustre mémoire, autrefois Sancia, reine de Sicile et de Jérusalem, veuve du seigneur sérénissime Robert, roi de Jérusalem et de Sicile; laquelle reine, après la mort du roi son mari, ayant fini son année de veuvage, échangeant les biens passagers contre les biens éternels, adoptant pour l'amour de Dieu une pauvreté

volontaire, après avoir distribué ses biens
aux pauvres, entra sous l'obéissance dans
ce couvent célèbre de Sainte-Croix, œuvre de ses mains, dans l'année 1344, le 21
janvier de la XIIe indiction ; où ayant
mené une vie béate sous la règle du bien-
heureux François, père des pauvres, ter-
mina ses jours religieusement dans l'année du Seigneur 1345, le 28 juillet de la
XIIIe diction. Le jour suivant, elle a été
enterrée dans ce tombeau. »

La mort de dona Sancia hâta la catastrophe qui devait ensanglanter le trône de
Naples : on eût dit que Dieu avait voulu
épargner un horrible spectacle à cet ange
de résignation et d'amour, qui s'offrait à

I. 11

lui comme une victime propitiatoire pour
racheter les crimes de sa famille.

Huit jours après les funérailles de l'ancienne reine, Bertrand d'Artois entre chez
Jeanne, pâle, défait, les cheveux épars,
dans un état d'agitation et de désordre
impossible à décrire. Jeanne s'élança au-
devant de son amant, saisie de frayeur et
l'interrogeant du regard sur la cause de
son trouble.

— Je l'avais bien dit, madame, s'écria
le jeune comte avec emportement, que
vous finiriez par nous perdre tous, en
refusant obstinément d'écouter mes
conseils.

— Par pitié, Bertrand, parlez sans

détour ; qu'y a-t-il de nouveau , quels conseils ai-je refusé de suivre ?

— Il y a, madame, que votre noble
époux, André de Hongrie, vient d'être
reconnu par la cour d'Avignon roi de Jérusalem et de Sicile, et que désormais
vous ne serez que son esclave.

— Vous rêvez, comte d'Artois.

— Je ne rêve pas, madame ; et la preuve
que ce que j'avance est la plus exacte vérité, c'est que les légats du pape qui ap-
portent la bulle du couronnement sont
arrivés à Capoue, et que s'ils n'entrent
pas ce soir au Château-Neuf, c'est pour
donner au nouveau roi le temps de faire
ses préparatifs.

La reine pencha la tête comme si la foudre venait d'éclater à ses pieds.

— Quand je vous ai dit, continua le comte avec une fureur croissante, qu'il fallait repousser la force par la force, qu'il fallait briser le joug de cette infâme tyrannie, qu'il fallait se défaire de cet homme avant qu'il eût les moyens de vous nuire; vous avez toujours reculé par une crainte puérile, par une lâche hésitation de femme.

Jeanne leva sur son amant un regard plein de larmes.

— Mon Dieu! mon Dieu! s'écria-t-elle en joignant les mains par un mouvement de désespoir, j'entendrai donc toujours

retentir autour de moi de fatal cri de mort!
Et vous aussi, Bertrand, vous le répétez
à votre tour, ainsi que Charles de Duras,
ainsi que Robert de Cabane! Pourquoi
voulez-vous, malheureux, qu'un fantôme
sanglant vienne se dresser entre nous
pour étouffer de sa main de glace nos baisers adultères? Assez de crimes comme
cela; qu'il règne, si sa triste ambition le
pousse à régner; que me fait le pouvoir,
pourvu qu'il me laisse votre amour!

— Il n'est pas bien certain que nos
amours aient une longue durée.

— Que voulez-vous dire, Bertrand?
Vous prenez plaisir à me torturer sans
pitié.

— Je dis, madame, que le nouveau roi de Naples a préparé un drapeau noir, qu'il sera porté devant lui le jour de son couronnement.

— Et vous croyez, dit Jeanne en devenant pâle comme un cadavre sorti de son linceul, vous croyez que ce drapeau est une menace?

— Qui a déjà reçu un commencement d'exécution.

La reine chancela et s'appuya sur une table pour ne pas tomber.

— Racontez-moi tout, dit-elle d'une voix suffoquée, ne craignez pas de m'effrayer; voyez, je ne tremble pas. O Bertrand, je vous en supplie!

— Les traîtres ont commencé par l'homme que vous estimiez le plus, par le plus sage conseiller de la couronne, par le magistrat le plus intègre, par le plus noble cœur, par la vertu la plus austère...

— André d'Isernia !

— Il n'est plus, madame.

Jeanne poussa un cri comme si on eût tué devant elle le noble vieillard qu'elle respectait à l'égal d'un père ; puis, s'afaissant sur elle-même, elle retomba dans un profond silence.

— Comment l'ont-ils tué ? reprit-elle enfin, en fixant sur le comte ses grands yeux effrayés.

— Hier au soir, en sortant de ce château, tandis qu'il se dirigeait vers sa maison, un homme s'est dressé tout à coup
devant lui près de la porte *Petruccia;* cet
homme est un des favoris d'André, Conrad de Gottis, qu'on a choisi sans doute
parce qu'ayant lui-même à se plaindre
d'un arrêt que l'incorruptible magistrat
avait porté contre lui, le meurtre serait
mis sur le compte d'une vengeance pri-
vée. Le lâche a fait signe à deux ou trois
de ses compagnons, qui ont entouré leur
victime en lui ôtant tous les moyens de
s'échapper. Le pauvre vieillard a regardé
fixement son assassin, et lui a demandé
d'une voix calme ce qu'il voulait : « Je

veux que tu perdes la vie comme tu m'as fait perdre mon procès, » s'est écrié le meurtrier ; et, sans lui laisser le temps de proférer une réponse, il l'a percé d'un coup d'épée. Alors les autres se sont jetés sur le malheureux, qui n'essayait pas même de crier au secours, et l'ont criblé de blessures en mutilant hideusement son cadavre, qu'ils ont laissé baigné dans son sang.

— Horreur ! murmura la reine en couvrant son visage.

— Ceci n'est que leur coup d'essai ; car les listes de proscription sont déjà pleines : il faut du sang à André pour célébrer son avénement au trône de Naples. Et savez-vous, Jeanne, quel est celui qui se trouve à la tête des condamnés?

— Qui? demanda la reine en frissonnant de la tête aux pieds.

— Moi, répondit le comte d'un ton naturel.

— Toi! s'écria Jeanne en se redressant de toute sa hauteur; c'est toi qu'on veut tuer maintenant! Oh! prends garde à toi, André; tu viens de prononcer ton arrêt de mort. J'ai longtemps détourné le poignard qui brillait sur ta poitrine; mais tu pousses à bout ma patience. Malheur à toi, prince de Hongrie! le sang que tu as versé rejaillira sur ta tête!

En parlant ainsi, sa pâleur avait disparu, son beau visage était animé du feu de la vengeance, ses regards lançaient des éclairs. Cette enfant de seize ans était terrible à voir; elle serrait la main de son amant avec une tendresse convulsive, et se collait près de lui comme si elle eût voulu lui faire un abri de son corps.

— Ta colère se réveille un peu tard, continua le jeune comte d'une voix triste et douce; car Jeanne lui parut si belle en ce moment, qu'il n'eût pas la force de lui adresser un reproche. Tu ne sais donc pas que sa mère lui a laissé un talisman qui le préserve du poison et du fer?

— Il mourra! reprit Jeanne d'une voix ferme; et le sourire qui vint éclairer sa

figure était si étrange , que le comte baissa
les yeux, effrayé à son tour.

Le lendemain , la jeune reine de Naples,
plus belle et plus souriante que jamais,
assise avec un doux abandon près d'une
croisée d'où la magnifique perspective du
golfe se déroulait à ses yeux , tissait de ses
blanches mains un cordon de soie et d'or.
Le soleil , après avoir parcouru les deux
tiers à peu près de sa carrière embrasée ,
baignait lentement ses rayons dans les
eaux bleues et limpides où le Pausilippe
réfléchissait sa cime couronnée de fleurs
et de verdure. Une brise tiède et embau-
mée, après avoir effleuré en passant les
orangers de Sorrente et d'Amalfi , appor-

tait sa délicieuse fraîcheur aux habitants
de la capitale, engourdis par une voluptueuse mollesse. La ville entière se réveil-
lait de sa longue sieste, respirant libre-
ment et soulevant sa paupière appesan-
tie; le Môle se couvrait d'une population
bruyante et infinie, bigarrée des plus vives couleurs; et des cris de fête, des
chansons joyeuses, des refrains d'amour
s'élevant de tous les points de ce vaste
amphithéâtre, qui est l'une des plus puis-
santes merveilles de la création, venaient
frapper l'oreille de Jeanne, qui les écoutait le front penché sur son travail et absorbée par une profonde rêverie. Tout à
coup, et au moment où elle paraissait

le plus occupée de son ouvrage, le bruit
insaisissable d'une respiration comprimée
et l'imperceptible frôlement d'une étoffe
qui effleurait son épaule la firent brusquement tressaillir ; elle se tourna, comme
réveillée en sursaut par le contact d'un
serpent, et aperçut son mari paré d'un
magnifique costume et nonchalamment
appuyé sur le dossier de son fauteuil. Depuis longtemps le prince n'était pas venu
se placer aussi familièrement auprès de sa
femme. Aussi ce mouvement de tendresse
et d'abandon sembla-t-il d'un mauvais augure à la reine. André ne parut pas remarquer le regard de haine et de terreur que
sa femme avait laissé échapper malgré

elle, et, donnant à ses traits froids et réguliers toute l'expression de douceur qu'il
pût prendre dans cette circonstance, il lui
demanda en souriant :

— Pourquoi faites-vous ce beau cordon,
ma chère et fidèle épouse?

— C'est pour vous pendre, monseigneur! répondit en souriant à son tour la
reine.

André haussa les épaules, ne voyant
dans cette menace d'une incroyable témérité qu'une grossière plaisanterie. Puis,
comme il vit que Jeanne se remettait à son
ouvrage, il essaya de renouer la conversation.

— J'avoue, continua-t-il d'une voix

parfaitement calme, que ma demande est
au moins superflue : j'aurais dû me douter
à l'empressement que vous mettez à terminer votre riche travail qu'il est destiné
à quelque beau chevalier que vous vous
proposez d'envoyer, sous l'auspice de vos
couleurs, à quelque entreprise dange-
reuse. Dans ce cas, ma belle souveraine,
je reclame un ordre de votre bouche ;
marquez le lieu et le temps de l'épreuve,
et je suis sûr d'avance de remporter un
prix que je disputerai à tous vos adora-
teurs.

— Cela n'est pas bien certain, reprit
Jeanne, si vous êtes aussi vaillant en
guerre qu'en amour. Et elle jeta à son

mari un regard si lascif et si méprisant,
que le jeune homme en rougit jusqu'aux
yeux.

— J'espère, reprit André en se contenant, vous donner bientôt de telles preuves de mon affection, que vous ne pourrez
plus en douter.

— Et qu'est-ce qui vous fait espérer cela,
monseigneur

— Je vous le dirais, si vous vouliez
m'écouter sérieusement.

— Je vous écoute.

— Eh bien ! ce qui me donne une si
grande confiance dans l'avenir, est un rêve
que j'ai fait la nuit passée.

I.   12

— Un rêve ! cela mérite bien quelques explications de votre part.

— J'ai rêvé qu'il y avait grande fête dans la ville ; une foule immense envahissait les rues comme un torrent qui déborde, et faisait retentir le ciel de ses cris d'allégresse ; les sombres façades de marbre de granit avaient disparu sous des tentures de soie et des festons de fleurs, les églises étaient parées comme pour les grandes solennités. Je chevauchais côte à côte avec vous. — Jeanne fit un mouvement d'orgueil. — Pardon, madame, ce n'est qu'un rêve : je marchais donc à votre droite, sur un beau cheval blanc, magnifiquement caparaçonné, et le maître justicier du

royaume portait devant moi un drapeau
déployé en signe d'honneur. Après avoir
parcouru triomphalement les principaux
quartiers de la cité, nous sommes arrivés,
au son des clairons et des trompettes, à
la royale église de Sainte-Claire, où est
enterré votre aïeul et mon oncle, et là,
devant le maître autel, le légat du pape,
après avoir mis votre main dans la mienne,
a prononcé un long discours, et a posé
tour à tour sur nos fronts la couronne de
Jérusalem et de Sicile; après quoi, les
grands et le peuple se sont écriés d'une
voix unanime : « Vivent le roi et la reine
de Naples! » Et moi, voulant rendre éternel le souvenir d'une si glorieuse jour-

née, j'ai ordonné des chevaliers parmi
les plus zélés de la cour.

— Et ne vous rappelez-vous pas les
noms de ces élus que vous avez jugés di-
gnes de vos royales faveurs?

— Si fait, madame, si fait : Bertrand,
comte d'Artois...

— Assez, monseigneur ; je vous dis-
pense de nommer les autres : j'ai toujours
cru que vous étiez un magnifique et loyal
seigneur ; mais vous venez de m'en donner de nouvelles preuves en faisant tomber vos grâces sur les personnes que j'ho-
nore le plus de ma confiance. J'ignore si
vos désirs doivent bientôt se réaliser ;

mais, dans tous les cas, soyez sûr de ma reconnaissance éternelle.

La voix de Jeanne ne trahissait pas la moindre émotion, son regard était devenu caressant, et le plus doux sourire errait sur ses lèvres. Mais dès ce moment la mort d'André fut décidée dans son cœur. Le prince, trop préoccupé lui-même de ses projets de vengeance, et trop confiant dans la toute-puissance de son talisman et dans sa bravoure personnelle, ne conçut pas le soupçon qu'on pourrait le prévenir. Il s'entretint longtemps avec sa femme sur le ton d'une causerie amicale et enjouée, cherchant à épier ses secrets, et lui livrant les siens par des phrases tron-

quées et des réticences mystérieuses.
Quand il crut voir que jusqu'au plus lé-
gers nuage de ses anciens ressentiments
s'était dissipé du front de Jeanne, il la
supplia de l'accompagner, elle et sa suite,
dans une chasse magnifique qu'il organi-
sait pour le 20 août, ajoutant que cette com-
plaisance de la reine serait pour lui le
gage le plus sûr de leur réconciliation
complète et d'un entier oubli du passé.
Jeanne le lui promit avec une grâce char-
mante, et le prince se retira pleinement
satisfait de son entretien, emportant la
conviction qu'il n'aurait qu'à frapper les
favoris de la reine pour s'en faire obéir et
peut-être aimer encore.

Mais la veille du 20 août, une scène étrange et terrible se passait au fond d'une des tours latérales du Château-Neuf. Charles de Duras, qui n'avait cessé de couver dans l'ombre son projet infernal, averti par le notaire qu'il avait chargé de veiller aux progrès de la conspiration, que le soir même il devait y avoir une réunion définitive, enveloppé d'un manteau noir, se glissa dans un corridor souterrain, et, caché derrière un pilier, il attendit l'issue de la conférence. Après deux heures d'attente mortelle, où chaque seconde était marquée par les battements de son cœur, Charles crut entendre le bruit d'une porte qu'on ouvrait avec la plus grande précau-

tion ; un faible rayon s'échappant de la
fente d'une lanterne trembla sous la voûte
sans dissiper les ténèbres, et un homme,
se détachant de la muraille, marcha dans
sa direction comme un bas-relief vivant.
Charles toussa légèrement : c'était le signal convenu. L'homme éteignit sa lumière, et cacha le poignard qu'il avait tiré
dans la crainte d'une surprise.

— C'est toi, maître Nicolas? demanda le
duc à voix basse.

— C'est moi, monseigneur.

— Eh bien?

— On vient de décider la mort du prince pour demain en allant à la chasse.

— As-tu reconnu tous les conjurés ?

— Tous, quoique leurs traits soient cachés par un masque ; mais lorsqu'ils ont prononcé leur vote de mort, je les ai reconnus à leurs voix.

— Pourrais-tu me les désigner ?

— A l'instant même : ils vont défiler par le fond de ce corridor; et tenez, voici Tommaso Pace qui marche en avant des autres pour les éclairer.

En effet, un long fantôme, noir de la tête aux pieds, le visage soigneusement caché par un masque en velours, une torche à la main, traversa le fond du couloir, et s'arrêta sur le premier degré d'un escalier tournant qui menait aux étages supérieurs. Les conjurés s'avançaient lentement, deux

à deux comme une procession de spectres, passaient un moment dans le cercle
lumineux projeté par la torche, et dispa-
raissaient dans l'ombre.

— Voici Charles et Bertrand d'Artois,
dit le notaire ; voici les comtes de Terlizzi
et de Catanzaro ; voici le grand-amiral et
le grand-sénéchal du royaume, Godefroi
de Marsan, comte de Squillace, et Robert
de Cabane, comte d'Eboli ; ces deux femmes qui parlent à voix basse avec une si
grande volubilité de gestes sont Catherine
de Tarente, impératrice de Constantinople, et Filippa la Catanaise, gouvernante et
première dame de la reine ; voici dona
Cancia, la camérière et la confidente de

Jeanne, et voici la comtesse de Morcone...

Le notaire s'arrêta en voyant paraître
une ombre qui marchait toute seule, la tête
basse, les bras pendants, étouffant ses
sanglots sous les plis de son long capuchon
noir.

— Et quelle est cette femme qui semble
se traîner avec peine à la suite du lugubre
cortége? demanda le duc en serrant le bras
de son compagnon.

— Cette femme, murmura le notaire,
c'est la reine !

— Ah ! je la tiens ! pensa Charles en respirant à pleine poitrine, avec cette profonde satisfaction que doit éprouver Satan

lorsqu'une âme longtemps convoitée tombe enfin en son pouvoir.

— Et maintenant, monseigneur, reprit maître Nicolas lorsque tout fut rentré dans l'obscurité et dans le silence, si vous m'avez commandé d'épier les démarches des conjurés pour sauver le jeune prince que vous protégez de votre amitié vigilante, hâtez-vous de le prévenir, car demain peut-être il serait trop tard.

— Suis-moi, dit le duc d'un ton impérieux; il est temps que tu apprennes mes intentions véritables, pour te conformer à mes ordres avec la plus scrupuleuse exactitude.

Et en achevant ces paroles il l'entraîna

du côté opposé à celui par lequel les conjurés venaient de disparaître. Le notaire le suivit machinalement à travers un dédale de corridors obscurs et d'escaliers dérobés, sans pouvoir s'expliquer le brusque changement qui paraissait s'opérer dans l'esprit de son maître, lorsque traversant une des antichambres du château ils rencontrèrent André, qui les aborda joyeusement; le prince serra avec son amitié habituelle la main de son cousin de Duras, et lui demanda avec une assurance qui n'admettait pas de refus :

— Eh bien, duc, serez-vous demain de notre chasse?

— Excusez-moi, monseigneur, répondit

Charles en s'inclinant jusqu'à terre, il
m'est impossible de vous accompagner
demain ; car ma femme est très souffran-
te ; mais je vous prie d'accepter le plus
beau de mes faucons.

Et il lança au notaire un regard qui le
cloua à sa place.

La matinée du 20 août se leva belle et
sereine, par une de ces ironies de la nature qui contrastent si cruellement avec
les douleurs des hommes. Dès la pointe
du jour, maîtres et valets, pages et chevaliers, princes et courtisans, tout le monde
était sur pied ; des cris de joie s'élevèrent
de toutes parts lorsque la reine parut,
montée sur un cheval blanc comme la nei-

ge, à la tête de cette brillante jeunesse.
Jeanne était peut-être plus pâle qu'à l'ordinaire; mais on pouvait attribuer sa
pâleur à l'heure matinale à laquelle elle
avait été obligée de se lever. André, pressant de ses genoux un des chevaux les plus
fougueux qu'il eût dompté de sa vie, caracolait près de sa femme avec une noble
fierté, se sentait heureux de sa force, heureux de sa jeunesse, heureux de mille espérances dorées qui paraient son avenir
des plus riches couleurs. Jamais la cour
de Naples n'avait déployé plus d'éclat;
tous les sentiments de haine et de méfiance paraissaient complétement oubliés; et
frère Robert lui-même, le soupçonneux

ministre, voyant passer sous sa croisée
cette joyeuse cavalcade, dérida son front
soucieux et caressa sa barbe avec orgueil.

L'intention d'André était de passer plusieurs jours en chassant entre Capoue et
Aversa, et de ne revenir à Naples que lorsque tout serait prêt pour son couronnement.
En conséquence, le premier jour on chassa
près de Melito, et on traversa deux ou trois
villages de la Terre de Labour. Vers le soir
la cour s'arrêta pour passer la nuit à Aversa, et comme à cette époque il n'y avait
pas dans la ville un château digne de recevoir la reine et son mari avec leur suite
nombreuse, on transforma en demeure

royale le couvent de Saint-Pierre à Majel-
la, bâti par Charles II, l'an du Seigneur
1309.

Tandis que le grand sénéchal donnait
des ordres pour le souper et faisait prépa-
rer à la hâte un appartement pour André
et sa femme, le prince, qui s'était livré
toute la journée, par une chaleur ardente,
à son plaisir favori avec tout l'abandon de
la jeunesse, monta sur une terrasse pour
respirer la brise du soir en compagnie de
sa bonne Isolda, de sa chère nourrice, qui,
l'aimant plus que sa mère, ne se séparait
pas de lui un seul instant. Jamais le prince
n'avait paru si animé et si content ; il s'ex-
tasiait sur la beauté de la campagne, sur

la limpidité du ciel, sur le parfum de la
verdure ; il accablait sa nourrice de mille
questions sans s'inquiéter de ses réponses,
qui se faisaient longtemps attendre, car la
pauvre Isolda le contemplait avec cet air
de ravissement profond qui rend les mères si distraites lorsqu'elles écoutent leurs
enfants. André lui parlait-il avec ardeur
d'un terrible sanglier qu'il avait poursuivi
le matin à travers le bois et avait étendu
écumant à ses pieds, Isolda l'interrompait
pour l'avertir qu'il avait dans l'angle de
l'œil de la poussière ; André formait-il des
projets pour l'avenir, Isolda, tout en caressant ses blonds cheveux, remarquait
avait sollicitude qu'il devait être bien fati-

gué. Enfin, n'écoutant que ses transports,
le jeune prince défiait la destinée et appe-
lait de tous ses vœux des dangers pour les
combattre, et la pauvre nourrice s'écriait
toute en pleurs : — Vous ne m'aimez plus,
mon enfant!

Impatienté de ses interruptions conti-
nuelles, André la grondait doucement, et
jouait avec ses puériles frayeurs. Puis sans
se rendre compte d'une mélancolique tendresse qui le gagnait insensiblement, il se
fit raconter mille traits de son enfance, lui
parla lontemps de son frère Louis, de sa
mère absente, et une larme lui vint à
la paupière quand il se rappela le dernier adieu maternel. Isolda l'écouta avec

joie, répondit naturellement à toutes
ses demandes : mais aucun pressentiment
n'agita son cœur : car la pauvre femme aimait André de toutes les forces de son
âme ; elle aurait donné pour lui sa vie dans
ce monde et sa part de ciel dans l'autre ;
mais elle n'était pas sa mère !

Lorsque tout fut prêt, Robert de Cabane
vint avertir le prince que la reine l'attendait ; André jeta un dernier regard sur ces
riantes campagnes que la nuit couvrait de
son voile étoilé, porta sur ses lèvres et sur
son cœur la main de sa nourrice, et suivit
le grand sénéchal lentement et comme à
regret. Mais bientôt les lumières qui brillaient dans la salle, les vins qui circulaient

en abondance; les gais propos, les récits
bruyants des exploits de la journée, dissi-
pèrent ce nuage de tristesse qui avait
assombri pour un instant le front du prince. La reine seule, les coudes appuyés sur
la table, les prunelles fixes, les lèvres im-
mobiles, assistait à cet étrange festin, pâle
et froide comme une apparition sinistre
évoquée du tombeau pour troubler la joie
des convives. André, dont la raison com-
mençait à se noyer dans les flots de vin de
Caprée et de Syracuse, choqué de la conte-
nance de sa femme, qu'il attribuait au dé-
dain, remplit une coupe jusqu'aux bords
et la présenta à la reine. Jeanne tressaillit
vivement et remua ses lèvres avec une

agitation convulsive ; mais les conjurés
couvrirent de leurs voix éclatantes le fré-
missement involontaire qui venait de s'é-
chapper de sa poitrine. Au milieu du tumulte général, Robert de Cabane proposa
de distribuer copieusement à la garde
hongroise qui veillait aux avenues du couvent les mêmes vins qu'on avait servis à la
table royale, et cette libéralité extravagan-
te souleva des applaudissements frénéti-
ques. Bientôt les cris des soldats, qui té-
moignaient leur reconnaissance pour une
générosité si inattendue, se mêlèrent aux
ovations des convives. Pour compléter l'i-
vresse du prince on s'écriait de toutes

parts : — Vive la reine ! vive sa majesté le
roi de Naples !

On prolongea l'orgie bien avant dans la
nuit ; on parla avec enthousiasme des plaisirs qu'on se promettait pour le lendemain, et Bertrand d'Artois remarqua tout
haut qu'après une si longue veillée tout le
monde ne se lèverait peut-être pas à l'heure.
André déclara que, quant à lui, une heure
ou deux de repos suffiraient pour le remet-
tre entièrement de ses fatigues, et qu'il
souhaitait vivement que son exemple ne
restât pas sans imitateurs. Le comte de
Terlizzi parut exprimer respectueusement
quelques doutes sur l'exactitude du prince. André se récria, et après avoir porté un

défi à tous les barons présents, à qui serait
debout le premier, il se retira avec la reine
dans l'appartement qui leur était réservé,
où il ne tarda pas à s'endormir d'un sommeil lourd et profond. Vers deux heures
du matin, Tommaso Pace, valet de chambre du prince et premier huissier des appartements royaux, vint frapper à la porte
de son maître, afin de le réveiller pour la
chasse. Au premier coup, tout demeura
dans le silence; au second, Jeanne, qui
n'avait pas fermé l'œil de la nuit, fit un
mouvement comme pour secouer son mari et l'avertir du danger qui le menaçait;
au troisième, le malheureux jeune homme
se réveilla en sursaut, et entendant dans

la chambre voisine des rires et des chu-
chottements, persuadé qu'on plaisantait sur
sa paresse, sauta de son lit, la tête nue,
couvert de sa chemise et chaussé à peine,
et ouvrit la porte. Ici nous traduisons littéralement le récit de Dominique Gravina,
un des chroniqueurs les plus estimés.

Aussitôt que le prince se montra, les
conjurés se jetèrent sur lui tous à la fois,
pour l'étouffer de leurs mains; car il ne
pouvait mourir ni par le fer ni par le poison, à cause d'un anneau que sa pauvre
mère lui avait donné. Mais André, fort et
agile comme il était, voyant l'infâme trahison, se défendait avec une vigueur sur-
naturelle, et, poussant des cris horribles,

il se dégagea de l'étreinte de ses meurtriers, le visage sanglant, et ses blonds
cheveux arrachés par touffes. Le malheureux jeune homme essayait de gagner sa
chambre pour prendre une arme et résister bravement à ses assassins ; mais arrivé
près de la porte, le notaire Nicolas de Melazzo, passant son poignard comme un
verrou dans les anneaux de la serrure,
l'empêcha d'entrer. Le prince criant toujours, implorant la protection de ses fidèles, retourna dans la salle ; mais toutes les
portes étaient fermées, et personne ne lui
tendait une main secourable ; car la reine
se taisait, sans montrer aucune inquiétude
de la mort de son mari.

Cependant la nourrice Isolda, frappée par les hurlements de son cher fils et seigneur, bondissait de son lit et s'approchant de la fenêtre, remplissait la maison de cris épouvantables. Déjà les traîtres, effrayés par l'immense rumeur, quoique le lieu fut désert et tellement éloigné du centre de la ville que personne n'aurait pu accourir à ce bruit, se disposaient à lâcher leur victime, lorsque Bertrand d'Artois, se sentant plus coupable que les autre, excité par une rage d'enfer, saisit fortement le prince à bras le corps, et le terrassa après une lutte désespérée; puis, le traînant par les cheveux vers un balcon qui donnait sur les jardins, et appuyant un genou sur sa poitrine :

— A moi, barons ! s'écria-t-il en s'adressant aux autres ; j'ai ce qu'il faut pour l'étrangler.

Et il lui passa au cou un long cordon de soie et d'or, tandis que le malheureux se débattait de toutes ses forces ; mais Bertrand serra le nœud promptement, et les autres, jetant le corps par-dessus le parapet du balcon, le laissèrent ainsi suspendu entre le ciel et la terre jusqu'à ce que mort s'ensuivit. Et comme le comte de Terlizzi détournait les yeux avec horreur de cette affreuse agonie, Robert de Cabane lui cria impérieusement :

— Que faites-vous là, mon beau-frère? la corde est assez longue pour que chacun de nous puisse en tenir un bout : il nous faut des complices, et non des témoins.

Et aussitôt que les dernières convulsions du mourant eurent cessé, ils laissèrent tomber le cadavre de toute la hauteur de trois étages, et, ouvrant les portes de la salle, s'en allèrent comme s'ils n'avaient rien fait.

Isolda, ayant pu enfin se procurer de la lumière, monta rapidement à la chambre de la reine, et, trouvant la porte fermée en dedans, elle se mit à appeler son fils à haute voix. Point de réponse, et cependant la reine était dans la chambre. La pauvre nourrice, égarée, tremblante, éperdue, traversa tous les corridors, frappa à toutes les cellules, réveilla les moines un à un, les priant de chercher le prince avec elle. Les moines répondirent qu'il s'agissait d'une querelle de soldats ivres ou révoltés, ils n'avaient pas cru devoir intervenir. Isolda insiste par de plus vives prières; l'alarme se répand dans le couvent; les religieux suivent la nourrice, qui les précède avec un flambeau. Elle entre dans le jardin, aperçoit sur l'herbe quelque chose de blanc, s'avance en tremblant, pousse un cri aigu, et tombe à la renverse.

Le malheureux André gisait dans son sang, la corde au cou comme un voleur, la

tête écrasée par la chute profonde. Alors
deux moines montèrent à l'appartement
de la reine, et, frappant à la porte avec
respect, lui demandèrent d'une voix sépul-
crale :

— Madame la reine, que voulez-vous
qu'on fasse du cadavre de votre mari ?

Et comme la reine ne donnait aucune
réponse, ils redescendirent lentement au
jardin, et s'agenouillant, un à la tête, et
l'autre aux pieds du mort, ils se mirent à
réciter à voix basse les psaumes de la pénitence. Quand ils eurent prié une heure,
deux autres moines montèrent également
à la chambre de Jeanne, et ayant répété la
même demande sans obtenir de réponse,

ils relevèrent les deux premiers moines,
et prièrent à leur tour. Enfin un troisième
couple se présenta à la porte de cette
chambre inexorable, et comme il s'en revenait consterné par le peu de succès de
sa démarche, le peuple s'ameuta autour du
couvent, et des cris de mort coururent sur
cette multutide indignée. Déjà les groupes
devenaient plus serrés, les voix s'élevaient
plus menaçantes, le torrent menaçait d'en-
vahir la demeure royale, lorsque la garde
de la reine parut la lance au poing, et une
litière hermétiquement fermée, entourée
des principaux barons de la cour, traversa
la foule frappée de stupeur. Jeanne, cou-
verte d'une voile noir, se rendit au Châ-

teau-Neuf au milieu de son escorte, et personne, disent les historiens, n'osa plus
parler de cette mort.

Mais le rôle terrible de Charles de Duras
devait commencer aussitôt que le crime
serait consommé. Le duc laissa pendant
deux jours au vent et à la pluie, sans sépulture et sans honneurs, le cadavre de celui que le pape avait déjà nommé roi de Sicile et de Jérusalem, afin que cette vue misérable augmentât l'indignation de la foule.
Puis, le troisième jour, il le fit transporter
avec la plus grande pompe à la cathédrale
de Naples, et rassemblant tous les Hongrois autour du catafalque, il s'écria d'une
voix tonnante :

I.   14

— Nob!es et manants, voici notre roi lâchement étranglé par une trahison infâme. Dieu ne tardera pas à nous livrer les
noms de tous les coupables : que ceux qui
désirent que justice soit faite lèvent la
main en jurant aux meurtriers une persé-
cution sanglante, une haine implacable,
une vengeance éternelle!

Alors ce ne fut qu'un seul cri, qui porta
la désolation et la mort au cœur des conjurés, et le peuple se dispersa par la ville
en criant : — Vengeance! vengeance!

La justice divine, qui ne connaît point
de priviléges et qui ne s'arrête pas devant
une couronne, frappa d'abord Jeanne dans
son amour. Lorsque les deux amants se

trouvèrent en présence, saisis mutuellement d'horreur et de dégoût, ils reculè-
rent en tremblant, la reine ne voyant en
lui que le bourreau de son mari, et lui ne
voyant dans la reine que la cause de son
crime et peut-être de sa punition imminente. Les traits de Bertrand d'Artois
étaient bouleversés, ses joues creuses, ses
yeux cernés d'un cercle livide ; sa bouche
horriblement contractée, le bras et l'index
tendus vers sa complice, il voyait se dresser devant lui une affreuse vision. Le même cordon avec lequel il avait étranglé
André, il le voyait maintenant autour du
cou de la reine, tellement serré qu'il en-
trait dans les chairs, et une force invisi-

ble, une inspiration satanique le poussait, lui, Bertrand, à étrangler de ses propres mains cette femme qu'il avait tant aimée, qu'il avait autrefois adorée à genoux. Le comte s'élança hors de la chambre en faisant des gestes desespérés, en prononçant des paroles incohérentes, et comme il donnait des signes d'égarement et de folie, son père, Charles d'Artois, l'entraîna avec lui, et le soir même ils partirent pour leur terre de Sainte-Agathe, et s'y fortifièrent en cas d'attaque.

Mais le supplice de Jeanne, supplice lent et terrible, qui devait durer trente-sept ans et se terminer par une mort affreuse, ne faisait que de commencer à peine. Tous les misérables qui avaient trempé dans la mort d'André se présentèrent tour à tour pour demander le prix du sang. La Catanaise et son fils, qui avaient maintenant dans leurs mains non-seulement l'honneur mais la vie aussi de la reine, redoublèrent d'avidité et d'exigence; dona Cancia ne mit plus aucun frein à ses débauches, et l'impératrice de Constantinople somma sa nièce "d'épouser son fils aîné, Robert, prince de Tarente. Jeanne, rongée par ses remords, dévorée par l'indignation, humiliée par l'arrogance de ses sujets, n'osant plus relever le front, accablée sous la honte, descendit aux prières, et se borna à demander quelques jours de délai; l'impératrice y consentit, à la condition que son fils viendrait habiter le Château-Neuf, et aurait la permission de voir la reine une fois par jour ; Jeanne courba la tête en silence, et Robert de Tarente fut installé au château.

De son côté, Charles de Duras, qui, par la mort d'André, était devenu presque le chef de la famille, et qui, aux termes du testament du vieux roi, dans le cas où Jeanne mourrait sans enfants légitimes, héritait du royaume par sa femme Marie : Charles de Duras intima deux ordres à la reine : premièrement, qu'elle ne songeât pas à contracter de nouvelles noces sans le consulter sur le choix de l'é-

poux ; secondement, qu'elle eût à l'inves-
tir sur-le-champ du titre de duc de Calabre ; et pour déterminer sa cousine à ce
double sacrifice, il ajouta que si elle était
assez mal avisée pour lui refuser une de
ces deux demandes, il livrerait à la justice
les preuves du crime et les noms des
meurtriers. Jeanne, fléchissant sous le
poids de ce nouveau malheur, ne trouvait
pas d'expédient pour l'éviter ; mais Catherine, qui était seule de taille à lutter contre
son neveu, répondit qu'il fallait frapper le
duc de Duras dans son ambition et dans
ses espérances, en lui déclarant d'abord,
comme c'était la vérité, que la reine était
enceinte ; et si, malgré cette nouvelle, il

persistait dans ses projets, qu'alors elle se chargerait de trouver quelque moyen pour jeter dans la famille de son neveu le trouble et la discorde, pour le blesser dans ses affections ou dans ses intérêts les plus intimes, pour le déshonorer publiquement dans la personne de sa femme et de sa mère.

Charles sourit froidement lorsque sa tante vint lui rapporter, de la part de la reine, que cette dernière allait mettre au monde un enfant d'André. En effet, quelle importance pouvait avoir un enfant encore à naître, et qui ne vécut réellement que peu de mois, aux yeux d'un homme qui se défaisait avec un si admirable sang-froid, et

par la main même de ses ennemis, des
personnes qui le gênaient dans sa carrière?
Il répondit à l'impératrice que cette heureuse nouvelle, qu'elle daignait lui annoncer de sa propre bouche, loin de diminuer
son indulgence pour sa cousine, l'enga-
geait, au contraire, à lui prouver plus de
bonté et plus d'intérêt; que par conséquent il réitérait sa proposition et renou-
velait sa promesse de ne pas poursuivre la
vengeance de son cher André, puisque en
quelque sorte le crime n'était pas entièrement consommé, s'il survivait un enfant;
mais il se montra inflexible en cas de refus. Il fit comprendre adroitement à Catherine de Tarente que, comme elle était

bien pour quelque chose dans la mort du prince, elle aurait dû, pour son propre compte, déterminer la reine à étouffer le procès.

L'impératrice parut vivement affectée de l'attitude menaçante de son neveu, et lui promit de faire son possible pour persuader à la reine de lui accorder tout ce qu'il lui demandait, à condition cependant que Charles lui donnât le temps nécessaire pour mener à bout une négociation aussi délicate. Mais Catherine profita du délai qu'elle avait su arracher à l'ambition du duc de Duras pour méditer sa vengeance, et s'assurer les moyens d'un infaillible succès. Après plusieurs plans accueillis avec

empressement et abandonnés avec regret, elle s'arrêta à un projet infernal,
inouï, et que l'esprit se refuserait à croire,
s'il n'était attesté unanimement par tous
les historiens. La pauvre Agnès de Duras
souffrait depuis plusieurs jours d'une mys-
térieuse langueur, et peut-être le caractère
inquiet et turbulent de son fils n'était pas
la dernière cause de cette lente et pénible
maladie. Ce fut sur cette mère infortunée
que l'impératrice résolut de faire tomber
les premiers effets de sa haine. Elle fit
venir le comte de Terlizzi et sa maîtresse
doña Cancia, et comme cette dernière, par
ordre de la reine, assistait Agnès depuis
sa maladie, Catherine insinua à la jeune

camérière, qui était alors enceinte, de
substituer son urine à celle de la malade,
afin que le médecin, trompé par cet indice, fût forcé d'avouer à Charles de Duras
la faute et le déshonneur de sa mère. Le
comte qui, depuis la part qu'il avait prise
au régicide, tremblait à chaque instant
d'être dénoncé, n'eut rien à opposer aux
volontés de l'impératrice, et dona Cancia,
dont la tête était aussi légère que le cœur
était corrompu, accueillit avec une folle
gaîté l'occasion de se venger de la pru-
derie d'une princesse du sang, qui seule
s'avisait d'être vertueuse au milieu d'une
cour renommée par sa dépravation. Une
fois assurée du consentement et de la dis-

crétion de ses complices, Catherine fit circuler des bruits vagues et douteux, mais d'une terrible gravité, s'ils pouvaient être confirmés par une preuve ; et, aussitôt émise, la perfide accusation arriva, de confidence en confidence, à l'oreille de Charles.

Saisi d'un tremblement convulsif à cette éclatante révélation, le duc fit appeler à l'instant même le médecin de la maison, et lui demanda impérieusement quelle était la cause de la maladie de sa mère. Le médecin pâlit, balbutia ; mais, pressé par les menaces de Charles, lui avoua qu'il avait des soupçons assez fondés pour croire que la duchesse était enceinte, mais

que, comme une première fois il aurait
pu se tromper, avant de se prononcer
dans une matière si grave, il demandait à
faire une seconde observation. Le lendemain, au moment où le docteur sortait de
la chambre d'Agnès, le duc alla au-devant
de lui, et après l'avoir interrogé par un
mouvement plein d'angoisse, au silence qui
suivit sa demande, il comprit que ses
craintes n'étaient que trop réelles. Cependant le médecin, s'armant d'une précaution
excessive, déclara qu'il voulait s'en re-
mettre à une troisième expérience. Les
damnés n'ont pas d'heures plus longues
que celles qui s'écoulèrent pour Charles,
jusqu'au fatal instant où il acquit la cert i

tude que sa mère était coupable. Le troisième jour, le médecin affirma en son âme
et conscience qu'Agnès de Duras était
enceinte.

— C'est bien, dit Charles en congédiant
le docteur sans montrer aucune émotion.

Le soir, on administrait à la duchesse
un remède que le médecin avait ordonné,
et comme une demi-heure après elle fut
assaillie de violentes douleurs, on avertit
le duc qu'il fallait peut-être consulter
d'autres savants, puisque l'ordonnance du
médecin ordinaire, au lieu de produire
une amélioration dans l'état de la malade,
n'avait fait que l'empirer.

Charles monta lentement chez la duchesse, et renvoyant tous ceux qui étaient autour de son lit, sous prétexte que par leur maladresse ils ne faisaient qu'irriter les souffrances de sa mère, il s'enferma seul avec elle. La pauvre Agnès oubliant à la vue de son fils les tortures qui déchiraient ses entrailles, lui serra la main avec tendresse, et lui sourit à travers les pleurs.

Charles, le front baigné d'une sueur froide, blême sous son teint cuivré, la prunelle horriblement dilatée, se pencha sur la malade et lui demanda d'une voix sombre:

— Eh bien, ma mère, allez-vous un peu mieux?

— Oh! je souffre! je souffre affreusement, mon pauvre Charles! Je sens comme
du plomb fondu qui coule dans mes veines.
O mon fils! fais venir tes frères, pour que je
puisse vous bénir une dernière fois, car je ne
pourrai longtemps résister à ma douleur.
Je brûle; oh! par pitié! appelez vite un
médecin, je suis empoisonnée.

Charles ne bougeait pas de son chevet.

— De l'eau! répétait la mourante d'une
voix entrecoupée, de l'eau! un médecin,
un confesseur, mes enfants, je veux voir
mes enfants!

Et comme le duc demeurait impassible,
dans un morne silence, la pauvre mère,
quoique affaissée par ses souffrances,

I.   15

croyant que la douleur avait ôté à son fils
la parole et le mouvement, se leva sur son
séant par un effort désespéré, et le secouant
par le bras, s'écria de toute la force qui
lui restait :

— Charles, mon fils ! qu'as-tu ? mon pauvre enfant, courage, ce ne sera rien, je l'espère ; mais vite, appelez du secours ;
appelez mon médecin. Oh ! vous ne pouvez pas vous faire une idée de ce que je
souffre !

— Votre médecin, reprit Charles d'une
voix lente et froide, dont chaque mot
s'enfonçait dans l'âme de sa mère comme
un coup de poignard, votre médecin ne
peut pas venir.

— Et pourquoi? demanda Agnès at-
terrée.

— Parce que celui qui possédait le secret de notre honte ne devait plus vivre.

— Malheureux! s'écria la mourante au
comble de l'effroi et de la douleur, vous
l'avez assassiné! vous avez peut-être empoisonné votre mère! O Charles! Charles!
pitié pour votre âme.

— C'est vous qui l'avez voulu, reprit
Charles d'une voix sourde; c'est vous qui
m'avez poussé au crime et au désespoir;
c'est vous qui êtes la cause de mon déshonneur dans ce monde et de ma perdition
dans l'autre.

— Que dites-vous? Mon Charles, par

pitié ne me faites pas mourir dans cette affreuse incertitude; quel fatal égarement vous aveugle! Parlez, parlez, mon fils; je ne sens déjà plus le poison qui me dévore; que vous ai-je fait? de quoi m'a-t-on accusée?

Et elle regarda son fils d'un œil hagard, où l'amour maternel luttait encore contre la pensée atroce du parricide; puis voyant que Charles restait muet malgré ses prières, elle répéta avec un cri déchirant:

— Parlez! au nom du ciel, parlez, avant que je meure!

— Vous êtes enceinte, ma mère!

— Moi! s'écria Agnès avec un éclat de voix qui lui brisa la poitrine. Dieu, pardonnez-lui ! Charles, votre mère vous pardonne et vous bénit en mourant.

Charles se précipita à son cou, criant au secours d'une voix désespérée : il aurait maintenant voulu la sauver au prix de sa vie ; mais il était trop tard. Il poussa un cri du fond de son âme, et on le trouva étendu sur le cadavre de sa mère.

On fit d'étranges commentaires, à la cour, sur la mort de la duchesse de Duras et sur la disparition de son médecin ; mais ce que personne ne put révoquer en doute, ce fut la sombre douleur qui creusa des rides plus profondes sur le front déjà si triste de Charles. Catherine seule comprit ce qu'il y avait de vraiment terrible dans la mélancolie de son neveu, car il était évident pour elle que le duc avait du même coup tué son médecin et empoisonné sa mère. Mais elle ne s'attendait pas à une réaction si subite et si violente dans le cœur d'un homme qui ne reculait devant aucun crime. Elle croyait Charles capable de tout, excepté de remords. Cette tristesse morne et concentrée lui parut d'un mauvais augure pour ses projets. Elle avait voulu susciter à son neveu des chagrins domestiques, pour qu'il n'eût pas le temps de s'opposer au mariage de son fils et de la reine, mais elle avait dépassé son but, et Charles, engagé dans la voie du crime par un pas terrible, ayant brisé le lien des plus saintes affections, se rejetait dans ses passions mauvaises avec une fiévreuse ardeur et un âpre sentiment de vengeance.

Catherine essaya alors de la soumission et de la douceur. Elle fit comprendre à son fils qu'il n'y avait plus pour lui qu'un moyen d'obtenir la main de la reine: c'était de flatter l'ambition de Charles et de se mettre en quelque sorte sous son patronage. Robert de Tarente comprit sa position, et cessa de faire la cour à Jeanne, qui accueillait son empressement avec une froide bienveillance, pour s'attacher aux pas de son cousin. Il montra pour lui la déférence et le respect que Charles lui-même avait affectés pour André lorsque la pensée lui était venue de le perdre. Mais le duc de Duras ne se laissa pas tromper par les sentiments d'amitié et de dévouement que lui témoignait l'aîné de la maison de Tarente, et tout en se montrant fort touché de ce retour inattendu, il se tint en garde contre les sollicitations de Robert.

Un événement en dehors de toutes les prévisions humaines renversa les calculs des deux cousins. Un jour qu'ils étaient sortis ensemble à cheval, comme ils en avaient pris l'habitude depuis leur réconciliation hypocrite, Louis de Tarente, le plus jeune frère de Robert, qui avait tou-

jours aimé Jeanne de cet amour chevaleresque et naïf qu'on garde enfoui comme
un trésor au fond de l'âme, quand on a
vingt ans et qu'on est beau comme un ange,
Louis, disons-nous, qui, se tenant à l'écart
de l'infâme conspiration de sa famille,
n'avait pas souillé ses mains du sang
d'André, entraîné par je ne sais quelle ardeur inouïe, se présenta aux portes du
Château-Neuf, et tandis que son frère perdait des moments précieux à solliciter un
consentement nubile, il fit lever le pont,
et ordonna sévèrement aux soldats de
n'ouvrir à personne. Puis, sans se pré-
occuper un seul instant de la colère de
Charles ou de la jalousie de Robert, il

s'élança à l'appartement de la reine, et là,
comme dit Dominique Gravina, sans
autre préambule, il consomma le mariage.

Au retour de sa promenade, Robert de
Tarente, étonné que le pont ne s'abaissât
pas incontinent devant lui, fit d'abord
appeler à haute voix les soldats qui gar-
daient la forteresse, les menaçant d'une
punition sévère pour leur impardonnable
négligence; mais comme les portes du
château demeuraient fermées, et comme
les soldats ne donnaient aucun signe de
crainte ou de repentir, le prince se mit
dans une affreuse colère, et il jura de faire
pendre comme des chiens les misérables

qui voulaient l'empêcher de rentrer chez lui. Cependant l'impératrice de Constantinople, effrayée de la sanglante querelle qui allait s'élever entre les deux frères, s'avança seule et à pied au-devant de son fils, et usant de son ascendant maternel, après l'avoir prié de maîtriser ses transports, en présence de la foule qui déjà se pressait en tumulte pour assister à cet étrange spectacle, elle lui raconta à voix basse tout ce qui s'était passé en son absence.

Un rugissement de tigre blessé s'échappa de la poitrine de Robert, et peu s'en fallut qu'aveuglé par sa rage, il ne foulât sa mère aux pieds de son cheval, qui, secondant la colère de son maître, se cabrait furieusement et aspirait le sang par ses narines. Quand le prince eut vomi tout ce qu'il avait d'imprécations sur la tête de son frère, il tourna la bride et s'éloignant au galop de ce château maudit, il vola chez le duc de Duras, qu'il venait de quitter à peine, pour l'informer de l'outrage et l'exciter à la vengeance.

Charles causait avec une sorte d'abandon avec sa jeune femme, qui n'était guère habituée à une conversation si paisible et à une familiarité si expansive, lorsque le prince de Tarente, brisé, haletant, trempé de sueur, vint leur faire son incroyable récit. Charles le lui fit répéter

deux fois de suite, tant l'audacieuse entreprise de Louis lui paraissait impossible.
Puis passant, par une brusque transition,
du doute à la fureur, et se frappant le front
de son gantelet de fer, il s'écria que puisque la reine le mettait au défi, il saurait
bien la faire trembler au milieu de son
château et dans les bras de son amant; et
laissant tomber un regard accablant sur
Marie, qui le suppliait en pleurant pour sa
sœur, il serra fortement la main de Robert,
et lui promit que tant qu'il vivrait Louis
ne serait pas le mari de Jeanne.

Le soir même, il s'enferma dans son
cabinet et expédia des lettres à la cour
d'Avignon, dont on ne tarda guère à voir

les effets. Une bulle, datée du 2 juin 1346,
fut adressée à Bertram des Baux, comte de
Monte-Scaglioso, maître justicier du royaume de Sicile, avec ordre de prendre les
informations les plus rigoureuses contre
les meurtriers d'André, que le pape couvrait en même temps de son anathème, et
de les punir selon les lois les plus sévères.
Cependant une note secrète était jointe
à cette bulle, note qui contraria vivement
les desseins de Charles; car le souverain
pontife commandait expressément au
grand-justicier de ne pas impliquer dans
le procès la reine ou les autres princes du
sang, pour éviter de plus grands troubles,
se réservant, en sa qualité de chef suprême.

de l'Église et de supérieur du royaume, la faculté de les juger plus tard selon sa prudence.

Bertram des Baux déploya un grand appareil dans ce terrible procès. On éleva une estrade dans la grande salle des tribunaux, et tous les officiers de la couronne, tous les grands dignitaires de l'État, tous les principaux barons du royaume, eurent leur siége derrière l'enceinte des magistrats. Trois jours après que la bulle de Clément IV avait été publiée dans la capitale, le maître justicier put déjà procéder à l'interrogatoire public de deux accusés. Les deux coupables qui étaient tombés les premiers sous la main de la justice étaient, comme on peut bien l'imaginer, ceux dont la condition était moins élevée et la vie moins précieuse : Tomaso Pace et maître Nicolas de Melazzo. Ils furent conduits devant le tribunal, pour être, selon l'usage, appliqués préalablement à la torture. Au moment de se rendre auprès de ses juges, le notaire, passant dans la rue à côté de Charles, avait eu le temps de lui dire à voix basse :

— Monseigneur, le temps est venu de vous rendre ma vie ; je ferai mon devoir ; je vous recommande ma femme et mes enfants.

Et, encouragé par un signe de tête de son protecteur, il marcha d'un pas ferme

et d'un air délibéré. Le grand-justicier,
après avoir constaté l'identité des accusés,
les livra au bourreau et à ses aides, pour
qu'ils eussent à les tourmenter sur la place
publique, afin que leur torture servît de
spectacle et d'exemple à la foule. Mais, à
peine attaché à la corde fatale, un des
accusés, Tommaso Pace, déclara, au
grand désappointement de la foule, qu'il
allait tout avouer, et demanda par conséquent qu'on le reconduisît immédiatement
devant les juges. A ces mots, le comte de
Terlizzi, qui suivait les moindres gestes
des accusés avec une mortelle anxiété,
crut que c'en était fait de lui et des autres
complices, et, usant de son autorité, au

moment où Tommaso Pace, les mains
liées derrière le dos, escorté par deux
gardes, et suivi par le notaire, se dirigeait vers la grande salle des tribunaux, il
l'attira dans une maison écartée, lui serra
fortement la gorge, et le forçant ainsi à
pousser la langue en dehors, il la lui coupa
avec un rasoir.

Les hurlements du malheureux qu'on
venait de mutiler si cruellement frappè-
rent l'oreille du duc de Duras ; il pénétrait
dans la chambre où s'était accompli cet
acte de barbarie, au moment où le comte
de Terlizzi en sortait, et s'approcha du notaire, qui avait assisté à cet affreux spectacle sans donner le moindre signe d'émo-

tion ou de crainte. Maître Nicolas de Melazzo, croyant que le même sort lui était
réservé, se tourna vers le duc d'un air
calme, et lui dit avec un triste sourire :

— Monseigneur, la précaution est inu-
tile, et vous n'aurez pas besoin de me
couper la langue comme le noble comte
vient de le faire à mon pauvre camarade.
On arrachera jusqu'aux derniers lambeaux
de mes chairs avant de tirer un mot de
ma bouche ; je vous l'ai promis, monseigneur, et vous avez pour garant de ma
parole la vie de ma femme et l'avenir de
mes enfants.

— Ce n'est pas le silence que je te demande, répondit le duc d'une voix som-

bre ; tu peux, au contraire, me débarrasser
par tes révélations de tous mes ennemis à
la fois, et je t'ordonne de les dénoncer au
tribunal.

Le notaire baissa la tête avec une résignation douloureuse ; puis, la relevant
tout à coup avec effroi, il fit un pas vers le
duc et murmura d'une voix étouffée :

— Et la reine ?

— On ne te croirait pas si tu osais la
dénoncer ; mais lorsque la Catanaise et son
fils, lorsque le comte de Terlizzi et sa femme, lorsque ses familiers les plus intimes,
accusés par toi et ne pouvant endurer la
torture, la dénonceront d'une voix unanime...

— Je comprends, monseigneur; il ne vous faut pas seulement ma vie, il vous faut aussi mon âme. C'est bien; encore une fois, je vous recommande mes enfants.

Et il s'achemina vers le tribunal avec un profond soupir. Le maître justicier adressa à Tommaso Pace les questions d'usage; au geste désespéré que fit le malheureux en ouvrant sa bouche ensanglantée, un frisson d'horreur courut sur l'assemblée. Mais l'étonnement et la terreur arrivèrent au comble, lorsque maître Nicolas de Melazzo, d'une voix lente et ferme nomma l'un, après l'autre tous les meurtriers d'André, excepté la reine et les princes du sang, et

raconta l'assassinat du prince dans tous
ses détails.

On procéda à l'instant même à l'arres-
tation du grand-sénéchal Robert de Cabane
et des comtes de Terlizzi et de Morcone,
qui se trouvaient dans la salle, et qui n'o-
sèrent pas faire un mouvement pour se
défendre. Une heure après, Filippa, ses
deux filles, et dona Cancia, allèrent les rejoindre en prison, après avoir vainement
imploré la protection de la reine. Quant à
Charles et à Bertrand d'Artois, enfermés
dans leur forteresse de Sainte-Agathe, ils
défiaient la justice ; en outre, plusieurs autres conjurés, au nombre desquels se
trouvaient les comtes de Mileto et de

Catanzaro, s'étaient soustraits par la fuite.

Aussitôt que maître Nicolas déclara qu'il n'avait plus rien à avouer, et qu'il avait dit au tribunal la vérité exacte et entière, le grand-justicier prononça son arrêt au milieu du plus profond silence; et sans aucun retard, Tommaso Pace et le notaire furent liés chacun à la queue d'un cheval, et après avoir été ainsi traînés par les principales rues de la ville, ils furent pendus sur la place du marché.

On jeta les autres prisonniers au fond d'un souterrain pour être interrogés et torturés le jour suivant; et comme il arriva que le soir, se trouvant dans le même cachot, ils s'adressaient des reproches mu-

tuels, chacun prétendant avoir été entraîné
au crime par les autres, dona Cancia, dont
l'étrange caractère ne se démentait pas,
même en face de la torture et de la mort,
domina les plaintes de ses compagnons
par un bruyant éclat de rire, et s'écria
joyeusement :

— Voyons, mes enfants, pourquoi des
récriminations si amères et de si discour-
tois démentis? Nous n'avons pas d'excuse
et nous sommes tous également coupables.
Quant à moi, qui suis la plus jeune de tous
et qui ne suis pas la plus laide, avec la permission de ces dames, si l'on me condamne, du moins je mourrai contentée,
car il n'y a pas de jouissance en ce monde

que je me sois refusée; et, je m'en
vante, on pourra beaucoup me pardonner,
car j'ai beaucoup aimé; vous en savez
quelque chose, messeigneurs. Et toi, mé-
chant vieillard, continua-t-elle en s'adressant au comte de Terlizzi, ne te souviens-
tu pas d'avoir couché avec moi dans l'an-
tichambre de la reine? Voyons, ne rougis
pas devant ta noble famille; faites votre
confession, monseigneur, vous savez bien
que je suis enceinte de Votre Excellence;
vous savez par quel moyen nous avons fa-
briqué la grossesse de cette pauvre Agnès
de Duras, que Dieu fasse paix à son âme!
Moi, je ne croyais pas que la plaisanterie
tournât si vite au sérieux; vous savez tout

cela et bien d'autres choses encore ; épargnez-nous donc vos lamentations, qui, ma foi, commencent à devenir fort ennuyeuses, et préparons-nous à mourir joyeusement, comme nous avons vécu.

En achevant ces mots, la jeune camérière bâilla légèrement, et se laissant tomber sur la paille, s'endormit d'un profond sommeil, en faisant les plus beaux rêves de sa vie.

Le lendemain, dès la pointe du jour, une foule immense encombrait les bords de la mer. Pendant la nuit on avait dressé une énorme palissade pour contenir le peuple à une telle distance qu'il pût voir les condamnés sans les entendre. Charles de Du-

ras, à la tête d'un cortége brillant de chevaliers et de pages, monté sur un cheval
magnifique, vêtu de noir en signe de deuil,
se tenait près de l'enceinte. Son front
rayonna d'une joie féroce, lorsque les accusés traversèrent la foule deux à deux,
les poignets serrés par des cordes; car le
duc s'attendait à chaque instant à entendre
sortir de leurs lèvres le nom de la reine.
Mais le grand-justicier, homme d'expé-
dients, avait prévenu les indiscrétions de
toute espèce en attachant un hameçon à la
langue de chacun des accusés. Ces malheureux furent torturés sur le mât d'une
galère, sans que personne pût entendre un

seul mot des aveux terribles que leur arra-
chait la douleur.

Cependant Jeanne, malgré les torts que
la plupart de ses complices avaient envers
elle, sentant renaître la pitié pour une
femme qu'elle avait respectée comme une
mère, pour ses compagnes d'enfance,
pour ses amies, et peut-être un reste d'a-
mour pour Robert de Cabane, envoya
deux messagers pour supplier Bertram
des Baux de faire grâce aux coupables;
mais le maître justicier, ayant saisi les envoyés de la reine, leur fit subir la torture;
et comme ils avouèrent avoir pris part,
eux aussi, au meurtre d'André, il les con-
damna aux mêmes supplices que les au-

tres. Dona Cancia seule, à cause de sa position, échappa à la question, et son arrêt fut différé jusqu'au jour de son accouchement.

Or, tandis que la belle camériste retournait à sa prison, en jetant un sourire aux plus beaux cavaliers qu'elle pouvait distinguer dans la foule, passant à côté de Charles de Duras, elle lui fit signe d'approcher, et comme à cause du même privilége sa langue n'était pas percée d'un fil de fer, elle lui parla quelque temps à voix basse :

Charles pâlit affreusement, et portant la main sur son épée, s'écria :

— Misérable !

— Vous oubliez, monseigneur, que je suis sous la protection de la loi.

— O ma mère! ma pauvre mère! murmura Charles d'une voix étouffée; et il tomba à la renverse.

Le jour suivant, le peuple, plus matinal que le bourreau, demandait sa proie à grands cris. Toutes les troupes nationales ou mercenaires dont l'autorité judiciaire pouvait disposer, échelonnées dans les rues, opposaient des digues au torrent de la foule. Cet instinct de cruauté inassouvie qui dégrade trop souvent la nature humaine, s'était réveillé dans la populace; le vertige de la haine, la démence du sang tournaient les têtes, échauffaient les imaginations altérées de vengeance ; des groupes d'hommes et de femmes rugissant comme des bêtes fauves, menaçaient d'abattre les murs de la prison, si on ne leur livrait les condamnés pour les conduire au supplice ; et une rumeur immense, égale, continue, s'élevait comme le grondement du tonnerre et allait glacer d'effroi le cœur de la reine.

Cependant, malgré toute la bonne volonté que monseigneur Bertram des Baux, comte de Monte-Scaglioso, avait mise à contenter le vœu populaire, tous les préparatifs pour cette exécution solennelle n'avaient pu être prêts qu'à midi, à l'heure où le soleil embrasait la ville de ses rayons

les plus ardents. Ce fut d'abord un cri
énorme, poussé par dix mille poitrines
haletantes, au moment où le bruit courut
sur la foule que les condamnés allaient paraître ; puis il se fit un instant de silence,
et les portes de la prison roulèrent lentement sur leurs gonds rouillés et grinçants.
Un triple rang de cavaliers, la visière
basse et la lance en arrêt, ouvrit la marche, et, au milieu des huées et des malédic-
tions, sortirent l'un après l'autre les condamnés, chacun lié sur une charrette,
bâillonné et nu jusqu'à la ceinture, au milieu de deux bourreaux qui étaient chargés de les torturer le long du chemin. Sur
la première charrette était l'ancienne blan-

chisseuse de Catane, devenue depuis
grande-sénéchale et gouvernante de la
reine, madame Filippa de Cabane, et les
deux bourreaux qui se tenaient à sa droite
et à sa gauche, un peu en arrière, la flagel-
laient avec tant de fureur, que le sang qui
jaillissait de ses plaies laissa une longue
trace dans toutes les rues que traversa le
cortége.

Immédiatement après leur mère, sui-
vaient, sur deux charrettes différentes, les
comtesses de Terlizzi et de Morcone, dont
l'aînée n'avait pas plus de dix-neuf ans.
Les deux sœurs étaient d'une beauté si admirable, qu'un murmure d'étonnement
s'éleva de la multitude, et des regards avi-

des s'attachèrent sur leurs épaules nues et
frémissantes. Mais en contemplant ces for-
mes ravissantes et enviées, un sourire féroce échappait aux hommes chargés de
leur supplice ; armés de rasoirs, ils leur
enlevaient des lambeaux de chair avec une
voluptueuse lenteur, et les jetaient à la
foule, qui se les disputait avec acharnement, et désignait aux bourreaux l'endroit du corps des victimes qu'elle désirait
de préférence.

Robert de Cabane, grand sénéchal du
royaume, les comtes de Terlizzi et de Morcone, Raymond Pace, frère de l'ancien
valet de chambre, qui avait été exécuté
deux jours auparavant, et plusieurs autres

condamnés, traînés également sur des charrettes, étaient en même temps fustigés avec des cordes et écorchés avec des rasoirs ; mais leurs chairs étaient arrachées avec des tenailles rouges et jetées sur des réchauds de braise. Tout le long de la route on n'entendit pas un cri de douleur sortir de la bouche du grand-sénéchal, il ne se tordit pas une fois sous ses atroces souffrances ; et cependant les bourreaux qui le tourmentaient y avaient mis tant de rage, que le malheureux était mort avant d'arriver au lieu du supplice.

Au centre de la place Sant'-Eligio, on avait élevé un immense bûcher ; c'est là que l'on transporta les condamnés, et on jeta sur les flammes ce qui restait de leurs corps mutilés. Le comte de Terlizzi, et la grande-sénéchale vivaient encore ; et deux larmes de sang coulèrent des yeux de la malheureuse mère quand elle vit jeter au feu le cadavre de son fils et les restes palpitants de ses deux-filles, qui par leurs cris étouffés montraient qu'elles n'avaient pas encore cessé de souffrir. Mais tout à coup un bruit épouvantable couvrit les hurlements des victimes, l'enceinte se brisa, renversée par le peuple, et des furieux, se ruant sur le bûcher, armés de sabres, de haches et de couteaux, arrachant aux flammes les corps des condamnés morts ou vivants, les mirent en pièces, et emportèrent leurs os, en mémoire de cette horrible journée, pour en fabriquer des sifflets et des manches de poignards.

Le spectacle de ces affreux supplices n'avait pas rassasié la vengeance de Charles de Duras. Secondé par le maître justicier, il provoquait tous les jours des exécutions nouvelles, et bientôt la mort d'André ne fut plus qu'un prétexte pour exterminer légalement tous ceux qui s'opposaient à ses desseins. Mais Louis de Tarente, qui s'était emparé de l'âme de Jeanne et sollicitait avec ardeur les dispenses nécessaires pour légitimer son mariage, regardant désormais comme un affront personnel tous les actes de haute

juridiction qui s'exerçaient contre sa volonté et en violation flagrante des droits
de la reine, arma tous ses adhérents, et
grossissant sa bande de tous les aventuriers qu'il put faire entrer à sa solde, mit
sur pied une force suffisante pour défendre son parti et résister aux envahisse-
ments de son cousin. Naples se trouva
alors divisée en deux camps ennemis qui
en venaient aux mains sous le moindre
prétexte; et ces escarmouches journalières
étaient toujours suivies de quelque scène
de pillage ou de mort.

Cependant, pour suffire aux exigences
de ses soldats mercenaires et pour soutenir sa lutte intestine contre le duc de Duras

et son propre frère Robert, Louis de Tarente avait besoin d'argent, et il se trouva
un jour que les coffres de la reine étaient
vides. Jeanne retombait déjà dans son
morne désespoir, et son amant, brave et
généreux qu'il était, s'efforçait de la rassurer de son mieux, sans trop savoir lui-
même comment il se tirerait d'un pas si
difficile. Mais sa mère, Catherine, dont
l'ambition était satisfaite en voyant un de
ses fils, n'importe lequel, arriver au trône
de Naples, vint inopinément à leur secours, et promit d'une voix solennelle que
peu de jours lui suffiraient pour déposer
aux pieds de sa nièce un si riche trésor,

que, toute reine qu'elle était, elle n'en avait
jamais rêvé de pareil.

L'impératrice prit alors avec elle la moitié des troupes de son fils, et marchant
sur Sainte-Agathe, assiégea la forteresse
dans laquelle Charles et Bertrand d'Artois
s'étaient réfugiés pour se soustraire aux
poursuites de la justice. Le vieux comte,
frappé d'étonnement à la vue de cette femme qui avait été l'âme de la conspiration,
ne comprenant rien à sa démarche hostile,
lui envoya des messagers pour lui demander en son nom quel était le but de ce dé-
ploiement de forces militaires. A quoi Catherine répondit ces propres paroles, que
nous traduisons littéralement :

— Mes très chers, rapportez de notre part à Charles, notre fidèle ami, que nous désirons parler avec lui en secret d'une affaire qui nous intéresse également tous les deux, et qu'il ne s'effraye pas de nous voir arriver en ennemie, car nous l'avons fait à dessein et pour une certaine cause que nous lui expliquerons dans notre entretien. Nous savons qu'il est retenu au lit par sa goutte : voilà pourquoi nous ne nous étonnons guère qu'il ne soit pas venu à notre rencontre. Veuillez donc le saluer et le rassurer de notre part, et dites-lui que nous demandons d'entrer dans sa terre, si tel est son bon plaisir, avec messire Nicolas Acciajuoli, notre intime con-

seiller, et dix de nos soldats seulement,
pour causer avec lui d'un sujet grave que
nous ne pouvons confier aux messagers.

Revenu de sa surprise à la suite d'explications si franches et si amicales, Charles
d'Artois envoya son fils Bertrand au-devant de l'impératrice, pour la recevoir
avec tout le respect dû à son rang et à sa
haute position dans la cour de Naples.
Catherine monta vivement au château
avec les marques de la joie la plus sincère,
et après s'être informée de la santé du
comte en lui témoignant les sentiments de
la plus cordiale amitié, restée seule avec
lui, baissant la voix d'un air mystérieux,
elle lui expliqua que l'objet de sa visite

était de consulter sa vieille expérience sur
les affaires de Naples, et de solliciter sa
coopération active en faveur de la reine;
mais que, comme rien ne la pressait de
quitter Sainte-Agathe, elle attendrait le
rétablissement du comte pour profiter de
ses lumières et l'informer de la marche
des événements depuis son éloignement
de la cour. Enfin elle sut captiver si bien
la confiance du vieillard et dissiper si
adroitement ses soupçons, qu'il la pria
d'honorer le château de sa présence aussi
longtemps que les affaires le lui permet-
traient, et reçut peu à peu toute la troupe
dans ses murs. C'était ce que Catherine
attendait : le jour où son armée s'installa

à Sainte-Agathe, elle entra dans la chambre du comte d'un air courroucé, suivie de quatre soldats, et saisissant le vieillard à la gorge :

— Misérable traître ! s'écria-t-elle d'une voix sévère, tu ne sortiras pas de nos mains avant de recevoir le châtiment que tu mérites. En attendant, montre-moi le lieu où tu as caché ton trésor, si tu ne veux pas que je jette ton corps en pâture aux corbeaux qui s'abattent sur les donjons de ta forteresse.

Le comte, étroitement garrotté, le poignard sur la poitrine, n'essaya pas même de crier au secours : il tomba à genoux et supplia l'impératrice d'épargner au moins

la vie de son fils, qui ne s'était pas encore
guéri de la noire mélancolie qui troublait
sa raison depuis l'horrible catastrophe, et
se traînant péniblement jusqu'à l'endroit
où il avait enfoui son trésor, il le montra
du doigt à l'impératrice, en répétant au
milieu de ses sanglots :

— Prenez tout, prenez ma vie; mais
sauvez mon fils.

Catherine ne se posséda pas de joie en
voyant étalés à ses pieds des vases d'un
travail exquis et d'une richesse prodigieuse; des écrins de perles, de diamants
et de rubis d'un valeur incalculable; des
coffres remplis de lingots d'or, et toutes
ces merveilles asiatiques qui dépassent les

rêves de l'imagination la plus somptueu-
sement effrénée. Mais lorsque le ieillard,
d'une voix tremblante, insista pour obtenir au prix de sa fortune et de sa vie la
liberté de son fils, l'impératrice, reprenant son impitoyable froideur, lui répondit durement :

— J'ai déjà donné l'ordre qu'on amène
ici votre fils ; mais préparez-vous à lui
faire vos adieux éternels, car il va être
dirigé sur la forteresse de Melfi ; et vous,
selon toutes les probabilités, vous finirez
vos jours au fond du château de Sainte-
Agathe.

Telle fut la douleur qu'éprouva le pauvre comte à cette séparation violente, que

peu de jours après on le trouva mort dans son cachot, les lèvres couvertes d'une écume sanglante et les poignets rongés par désespoir. Quant à Bertrand, il ne lui survécut pas longtemps. Achevant de perdre la raison à la nouvelle de la mort de son père, il se pendit aux barreaux de sa prison. Ainsi les meurtriers d'André se détruisaient les uns les autres, comme des animaux venimeux enfermés dans la même cage.

Catherine de Tarente emportant le trésor qu'elle avait si loyalement gagné, arriva à la cour de Naples, fière de son triomphe, et méditant de vastes projets. Mais de nouveaux malheurs étaient arri-

vés pendant son absence. Charles de
Duras, après avoir sommé la reine une
dernière fois de lui accorder le duché de
Calabre, titre qui avait toujours apparte-
nu à l'héritier présomptif de la couronne,
outré de son refus, avait écrit des lettres
à Louis de Hongrie, pour l'inviter à prendre possession du royaume, s'engageant
de l'aider dans l'entreprise de toutes sés
forces, et de lui livrer les principaux auteurs de la mort de son frère, qui avaient
échappé jusqu'ici aux investigations de la
justice.

Le roi de Hongrie accepta ces offres
àvec empressement, et prépara une armée pour venger la mort d'André, et mar-

cher à la conquête de Naples. Les larmes
de sa mère Elisabeth et les conseils de
frère Robert, l'ancien ministre, qui s'était
réfugié à Bude, le confirmèrent dans ses
projets de vengeance. Il s'était déjà plaint
amèrement à la cour d'Avignon, qu'après
avoir puni des assassins subalternes on
laissait dans une impunité révoltante la
principale coupable, qui, encore souillée
du sang de son mari, continuait sa vie de
débauches et d'adultère. A quoi le pape
répondait avec douceur, que tant que cela
dépendrait de lui, il n'aurait pas manqué
de donner satisfaction à des plaintes légitimes; mais que l'accusation devait être
nettement formulée et appuyée par des

I. 18

preuves ; que certainement la conduite de
Jeanne pendant et après la mort de son
mari était blâmable; cependant Sa Majesté
devait considérer que l'Église de Rome,
qui cherche avant tout la vérité et la justice, procédait toujours avec la plus grande circonspection , et que surtout dans
une affaire aussi grave elle ne pouvait pas
juger d'après les apparences.

De son côté, Jeanne, effrayée de ces
préparatifs de guerre, avait envoyé des
ambassadeurs à la république de Florence,
pour se justifier du crime qui lui était
imputé par l'opinion publique, et n'avait
point hésité d'adresser des excuses même
à la cour de Hongrie ; mais le frère d'An-

dré avait répondu par une lettre d'un laconisme foudroyant :

« Ta vie précédente si désordonnée, le pouvoir exclusif que tu t'es arrogé dans le royaume, la vengeance des meurtriers de ton mari négligée par toi, l'autre mari que tu as épousé, et ton excuse même, sont des preuves suffisantes que tu as été complice de la mort de ton mari. »

Catherine ne se laissa pas décourager par les menaces de Louis de Hongrie, e envisageant la position de son fils et de la reine avec ce coup d'œil froid et clair qui ne la trompait jamais, elle comprit qu'il n'y avait point d'autre moyen de salut que de se réconcilier avec Charles ; leur mortel ennemi, en lui accordant tout ce qu'il demandait. Alors de deux choses l'une : ou il les aiderait à repousser le roi de Hongrie, et plus tard, quand le danger plus pressant serait passé, on réglerait les comptes ; ou il succomberait, et au moins ils auraient la satisfaction en tombant de l'entraîner avec eux dans leur chute.

L'accord fut conclu dans les jardins du Château-Neuf, où Charles se rendit sur l'invitation de la reine et de sa tante. Jeanne accorda à son cousin de Duras le titre tant désiré de duc de Calabre, et Charles, se voyant déclaré par ce fait l'héritier du royaume, marcha sans délai sur l'Aquila, qui avait déjà levé le drapeau de

Hongrie. Le malheureux ne prévit pas qu'il courait droit à sa perte.

Quand l'impératrice de Constantinople vit cet homme, qu'elle haïssait plus que tous les autres, s'éloigner joyeusement, elle le contempla d'un air sombre, devinant, par un instinct de femme, qu'il lui arriverait malheur; puis, comme elle n'avait plus de trahisons et de vengeances à consommer sur la terre, frappée d'un mal inconnu, elle s'éteignit subitement sans pousser une plainte et sans exciter un regret.

Cependant le roi de Hongrie, ayant traversé l'Italie avec une armée redoutable, entra dans le royaume du côté de

la Pouille ; il avait partout reçu sur son
passage des marques d'intérêt et de sympathie, et Alberto et Martino della Scala,
seigneurs de Vérone, pour prouver qu'ils
s'associaient de tous leurs vœux à son entreprise, lui avaient donné trois cents
cavaliers. La nouvelle de l'arrivée des
Hongrois jeta la cour napolitaine dans une
alarme impossible à décrire. On avait
espéré que le roi serait arrêté dans sa
marche par le légat du pape, qui était
venu à Foligno lui défendre, au nom du
saint-père, et sous peine d'excommunica-
tion, de passer outre sans le consentement du saint-siége ; mais Louis de Hongrie avait répondu au légat de Clément,

qu'une fois maître de Naples il se serait
toujours regardé comme feudataire de
l'Église, mais que jusque-là il ne devait
rendre compte qu'à Dieu et à sa conscience. Aussi, l'armée vengeresse était-elle
tombée comme la foudre au cœur du
royaume, avant qu'on eût songé à prendre des mesures sérieuses pour la repousser. Il n'y avait qu'un parti à prendre : la
reine, après avoir assemblé les barons
qui lui étaient le plus attachés, leur fit
jurer fidélité et hommage à Louis de Tarente, qu'elle leur présenta comme son
mari, et après s'être séparée en pleurant
de ses plus fidèles sujets, s'embarqua
secrètement, au milieu de la nuit, sur

une galère provençale, et partit pour Marseille. Louis de Tarente, suivant les inspirations de son caractère aventureux et
chevaleresque, sortit de Naples, à la
tête de trois mille cavaliers et d'un nombre
considérable de fantassins, et alla se cam-
per sur les bords du Vulturne, pour con-
tester le passage à l'armée ennemie ; mais
le roi de Hongrie avait prévu ce plan stra-
tégique, et tandis que son adversaire l'attendait à Capoue, il arriva à Bénévent par
les montagnes d'Alife et de Morcone, et
reçut, le jour même, les envoyés napolitains, qui, après l'avoir félicité sur son
entrée par un magnifique morceau d'élo-
quence, lui offrirent les clefs de la ville,

et lui jurèrent obéissance comme au successeur légitime de Charles d'Anjou. La nouvelle de la reddition de Naples se répandit bientôt dans le camp de la reine, et tous les princes du sang et les chefs de l'armée, abandonnant Louis de Tarente, se réfugièrent dans la capitale. La résistance devenait impossible. Louis, accompagné de son conseiller intime, Nicolas Acciajuoli, se rendit à Naples le soir même où ses parents l'avaient quitté pour se soustraire à l'ennémi. Tout espoir de salut s'évanouissait d'heure en heure; ses frères, ses cousins le suppliaient de s'éloigner rapidement pour ne pas attirer sur la ville entière la vengeance du roi : mal-

heureusement, il n'y avait dans le port
aucun navire en état de faire voile. L'effroi
des princes était à son comble; mais
Louis, se confiant à son étoile, se jeta
avec le brave Acciajuoli dans un bateau
à demi brisé, et ordonnant à quatre ma-
telots de ramer de toutes leurs forces,
disparut au bout de quelques minutes,
laissant sa famille dans la consternation,
jusqu'au moment où l'on apprit qu'il
avait gagné Pise, d'où il était parti pour
rejoindre la reine en Provence.

Charles de Duras et Robert de Tarente,
qui étaient les aînés des deux branches
royales, après s'être consultés à la hâte,
décidèrent d'adoucir le courroux du mo-

narque hongrois par la soumission la plus
complète : et laissant à Naples leurs jeunes
frères, se dirigèrent promptement sur
Aversa, où le roi s'était établi. Louis les
reçut avec tous,les signes d'une vive amitié, et leur demanda avec intérêt pourquoi
leurs frères n'étaient pas avec eux ; à quoi
les princes répondirent que leurs jeunes
frères étaient restés à Naples pour prépa-
rer au roi une réception digne de sa majesté. Louis les remercia de ces intentions
bienveillantes ; mais il les pria en même
temps d'inviter les jeunes princes à venir
auprès de lui, ajoutant qu'il lui serait in-
finiment plus agréable d'entrer à Naples
au milieu de toute sa famille, et qu'il lui

tardait beaucoup d'embrasser ses jeunes
cousins. Charles et Robert, se conformant
aux volontés du roi, envoyèrent aussitôt
leurs écuyers pour engager leurs frères à
se rendre à Aversa ; mais Louis de Duras,
le plus âgé des enfants, pria les autres
avec beaucoup de larmes de ne pas obéir
à cet ordre, et répondit aux messagers
qu'un violent mal de tête l'empêchait de
quitter Naples. Une excuse aussi puérile
ne pouvait manquer d'irriter Charles, et
le même jour, un ordre précis et formel,
qui n'admettait aucun retard, obligea les
malheureux enfants de se présenter au
monarque. Louis de Hongrie les embrassa
cordialement les uns après les autres,

leur fit plusieurs questions d'un air affec-
tueux, les retint à souper, et ne les congé-
dia que fort tard dans la nuit.

Au moment où le duc de Duras se reti-
rait dans son appartement, Lello de l'A-
quila et le comte de Fondi se glissèrent
mystérieusement près de son lit, et s'étant
assurés que personne ne pouvait les entendre, l'avertirent que le roi avait décidé,
dans un conseil tenu le matin, de lui
donner la mort et d'ôter en même temps
la liberté aux autres princes. Charles les
écouta jusqu'au bout d'un air incrédule,
et, soupçonnant une trahison, leur répondit sèchement qu'il avait trop de
confiance dans la loyauté de son cousin

pour ajouter foi à une si noire calomnie. Lello insista, le suppliant, au nom des personnes qui lui étaient le plus chères, d'écouter leur avis ; mais le duc, impatienté, lui ordonna sévèrement de sortir.

Le lendemain, même accueil de la part du roi, mêmes caresses aux enfants, même invitation à souper. Le festin était magnifique ; des flots de lumière inondaient la salle et jetaient des reflets éblouissants ; des vases d'or étaient étalés sur les tables ; les fleurs répandaient leurs parfums enivrants ; les vins fumaient dans les coupes, ou ruisselaient des amphores comme des jets de rubis ; des discours bruyants, interrompus, inachevés, se

croisaient en tous sens, et la joie empour-
prait tous les visages.

Charles de Duras soupait en face du roi,
à une table séparée, au milieu de ses frères. Peu à peu son regard était devenu
fixe et son front rêveur. Il songeait que
dans cette salle même avait dû souper
André, la veille de sa fin tragique, et que
de tous ceux qui avaient contribué à sa
mort, les uns avaient expiré dans les tourments, les autres languissaient en prison ;
la reine, exilée, fugitive, implorait la
pitié des étrangers ; lui seul était libre.
Cette pensée le fit tressaillir. Il s'applau-
dissait en lui-même de la profonde ha-
bileté avec laquelle il avait mené sa trame.

infernale, et secouant son air de tristeste, il souriait avec une expression d'orgueil indéfinissable. L'insensé se moquait en ce moment de la justice de Dieu. Mais Lello de l'Aquila, qui servait à table, se penchant à son oreille, lui répéta d'une voix sombre :

—Malheureux duc, pourquoi avez-vous refusé de me croire? Fuyez, il en est temps encore.

Charles, fâché de l'obstination de cet homme, le menaça, s'il avait le malheur d'ajouter un seul mot, de répéter au roi tout haut ses paroles.

— J'ai fait mon devoir, murmura Lello en inclinant la tête ; maintenant, qu'il

advienne de vous ce que Dieu aura disposé.

Comme il achevait de parler, le roi se
leva, et au moment où le duc s'approchait
de lui pour prendre congé, changeant
tout à coup de visage, il s'écria dune
voix terrible :

— Traître ! tu es enfin dans nos mains,
tu mourras comme tu l'as mérité ; mais
avant d'être livré au bourreau, avoue de
ta propre bouche les trahisons dont tu t'es
rendu coupable envers notre royale majesté, afin qu'il n'y ait pas besoin d'autre
témoignage pour te condamner à une
peine proportionnée à tes crimes. A nous
deux maintenant, duc de Duras. — Dis-

I.   19

moi d'abord pourquoi, par tes infâmes manœuvres, aidant ton oncle le cardinal de Périgord, as-tu empêché le couronnement de mon frère, ce qui, l'ayant privé de toute autorité royale, l'a conduit à une fin si malheureuse ? Oh ! n'essaye pas de nier.

— Voilà la lettre scellée de ton sceau ; tu l'as écrite en secret, elle t'accuse en public. — Pourquoi, après nous avoir attiré ici pour venger la mort de notre frère, mort que tu as sans doute procurée, tournant subitement au parti de la reine, as-tu marché contre notre ville de l'Aquila, osant lever une armée contre nos fidèles sujets? Tu espérais,

traître, te servir de nous comme d'un mar-
che-pied pour monter au trône, après t'être
débarrassé de tous les autres concurrents.

Tu aurais ensuite attendu notre départ
pour tuer le vicaire que nous aurions
laissé à notre place et t'emparer ainsi du
royaume. Mais, cette fois, ta prévoyance
a été en défaut. — Il y a enfin un autre
crime qui surpasse tous les autres, crime
de haute trahison, et que je punirai sans
pitié. Tu as enlevé la femme que Robert,
notre aïeul, nous avait destinée par le
testament dont tu avais connaissance.
Réponds, misérable, comment t'excuseras-
tu d'avoir volé la princesse Marie?

La colère avait tellement altéré la voix

de Louis, que le son de ces dernières paroles ressembla à un rugissement de bête
fauve: ses yeux brillaient d'un éclat fié-
vreux, ses lèvres étaient pâles et trem-
blantes. Charles et ses frères tombèrent à
genoux, glacés d'une terreur mortelle,
et le malheureux duc essaya deux fois de
parler, mais ses dents claquaient avec une
telle force, qu'il ne put articuler un seul
mot. Enfin, jetant les yeux autour de lui,
et voyant ses pauvres frères innocents
qu'il venait de perdre par sa faute, il reprit
un peu de courage, et s'adressant au
roi :

— Monseigneur, lui dit-il, je vois que
vous me regardez d'un visage terrible, ce

qui me fait trembler et frémir. Mais, je
vous en supplie à genoux, si j'ai manqué,
ayez pitié de moi, car Dieu m'est témoin
que je ne vous ai pas appelé dans le
royaume dans une intention coupable;
mais j'ai toujours désiré et je désire votre
nomination dans toute la sincérité de mon
âme. Et maintenant, j'en suis sûr, des
conseillers perfides m'ont attiré votre haine. S'il est vrai que je me suis rendu armé
près de l'Aquila, ainsi que vous venez de
le dire, je n'ai pu faire autrement, forcé
que j'étais par la reine Jeanne; mais aussitôt que j'ai appris votre arrivée à Fermo,
j'ai fait retirer mes troupes. J'espère donc,
en Jésus-Christ, obtenir de vous grâce et

merci, au nom de mes anciens services et de ma fidélité à toute épreuve. Cependant, comme je vous vois irrité contre moi, je me tais, et j'attends que votre fureur soit passée. Encore une fois, monseigneur, ayez compassion de nous, puisque nous sommes dans les mains de Votre Majesté.

Le roi, détournant la tête, s'éloigna lentement, et confia les prisonniers à Étienne Vayvoda et au comte de Zomic, qui les firent garder, pendant la nuit, dans une pièce attenante aux appartements du roi. Le jour suivant, Louis, ayant entendu de nouveau son conseil, ordonna que Charles de Duras fût égorgé au même endroit où on avait étranglé le

pauvre André, et envoya les autres princes du sang, chargés de chaînes, en
Hongrie, où ils furent longtemps détenus
prisonniers. Charles, frappé de vertige
par un malheur si inattendu, écrasé par
le souvenir de ses crimes, tremblant lâchement en face de la mort, était resté
comme anéanti. Accroupi sur ses genoux,
le visage caché dans ses mains, laissant
échapper de temps à autre des sanglots
convulsifs, il cherchait à fixer les pensées
qui tourbillonnaient dans sa tête comme
un rêve monstrueux. Il faisait nuit dans
son âme; mais à chaque instant ces ténèbres intérieures étaient déchirées par
des éclairs, et sur le fond sombre de son

désespoir passaient des figures dorées,
qui s'envolaient en lui jetant un sourire
railleur. Puis des voix de l'autre monde
bourdonnaient à ses oreilles; il voyait défiler devant lui une longue procession de
fantômes, comme le jour où maître Nicolas de Melazzo lui avait montré les conjurés
disparaissant par un souterrain du Château - Neuf. Seulement, les spectres tenaient cette fois leurs têtes à la main, et
les secouant par les cheveux, faisaient
jaillir sur lui des gouttes de sang. D'autres
agitaient des fléaux ou brandissaient des
rasoirs; chacun menaçait de le frapper
de l'instrument de son supplice. Poursuivi
par ce sabbat infernal, le malheureux

ouvrait la bouche pour un cri suprême,
mais le souffle manquait à sa poitrine, et
la voix expirait sur ses lèvres. Alors il
voyait sa mère lui tendant les bras de loin,
et il lui paraissait dans son trouble que
s'il avait pu parvenir jusqu'à elle, il était
sauvé. Mais à chaque pas, les deux bords
du chemin se serraient de plus en plus,
il laissait des lambeaux de chair accro-
chés aux murailles, et lorsque, haletant,
nu, ensanglanté, il touchait au but de sa
course, sa mère s'éloignait encore, et tout
était à recommencer. Les fantômes couraient toujours après lui en ricanant, et
hurlaient à son oreille :

« Maudit soit l'infâme qui a tué sa mère! »

Charles fut arraché à cette horrible crise
par les pleurs de ses frères, qui venaient
l'embrasser pour la dernière fois avant de
monter sur la galère qui devait les empor-
ter à leur destination. Le duc leur demanda pardon d'une voix sourde, et retomba
dans son désespoir. Les enfants se traî-
naient par terre, demandaient à grands
cris de partager le sort de leur frère, et
imploraient la mort comme un adoucisse-
ment à leur peine. On parvint enfin à les
séparer, mais le bruit de leurs plaintes
retentit encore longtemps dans le cœur du
condamné. Après quelques instants de
silence, deux soldats et deux écuyers hongrois entrèrent dans la chambre pour

annoncer au duc de Duras que son heure était arrivée.

Charles les suivit sans faire aucune résistance jusqu'au fatal balcon où André avait été étranglé. Arrivé là, on lui demanda s'il voulait se confesser; et sur sa réponse affirmative, on fit venir un moine du même couvent où la terrible scène allait se passer, qui écouta la confession de tous ses péchés, et lui donna l'absolution. Le duc se leva ensuite et marcha jusqu'à la place où l'on avait terrassé André pour lui passer au cou le cordon, et là, s'agenouillant de nouveau, il demanda aux exécuteurs:

— Mes amis, dites-moi, de grâce, s'il

y a encore quelque espoir pour ma vie.

Et comme ils répondirent que non,
Charles s'écria :

—Faites donc ce qui vous a été commandé.

A ces mots, un des écuyers plongea
l'épée dans sa poitrine, l'autre lui trancha
la tête avec un couteau, et son cadavre fut
jeté par-dessus le balcon, dans le jardin où
le corps d'André était demeuré trois jours
sans sépulture.

Alors le roi de Hongrie, précédé toujours de son drapeau mortuaire, se mit
en marche pour Naples, refusant tous les
honneurs qu'on voulait lui rendre, renvoyant le dais sous lequel il aurait dû en-

trer, sans s'arrêter pour donner audience aux élus de la cité, sans répondre aux acclamations de la foule. Armé de toutes pièces, il alla droit au Château-Neuf, laissant derrière lui la désolation et la peur. Le premier acte par lequel il inaugura son entrée dans la capitale fut l'ordre de brûler sur-le-champ dona Cancia, dont le supplice, ainsi que nous l'avons dit, avait été retardé à cause de sa grossesse. Elle fut comme les autres traînée sur une charrette jusqu'à la place de Sant'-Eligio, et jetée sur le bûcher. La jeune camérière, dont les souffrances n'avaient pu flétrir la beauté, s'était parée comme pour un jour

de fête., et folle et rieuse jusqu'au dernier moment, elle ne cessa de railler ses
bourreaux et d'envoyer des baisers à la
foule.

Peu de jours après, le roi fit arrêter
Godefroy de Marsan, comte de Squillace,
grand-amiral du royaume, et lui promit
la vie sauve à condition qu'il ferait tomber
dans ses mains Conrad de Catanzaro, un
de ses parents, accusé d'avoir aussi conspi-
ré contre André. Et le grand-amiral,
achetant sa grâce au prix d'une trahison infâme, n'eut pas horreur d'envoyer son propre fils pour engager Conrad
à rentrer dans la ville. Le malheureux fut
livré au roi, qui le fit rouer vif sur une

roue garnie de rasoirs. Mais le spectacle
de ces cruautés, au lieu de calmer la colère
du roi, paraissait l'envenimer davantage.
Tous les jours, de nouvelles dénonciations
amenaient de nouveaux supplices. Les
prisons regorgeaient d'accusés, et Louis
sévissait avec une ardeur renaissante; on
en vint bientôt à craindre qu'il ne traitât
la ville et tout le royaume comme si la na-
tion entière avait contribué à la mort
d'André. Des murmures s'élevèrent alors
contre cette domination barbare, et tous
les vœux se tournèrent vers la reine fugitive. Les barons napolitains avaient prêté
à contre-cœur leur serment de fidélité; et
lorsque le tour des comtes de San-Seve-

rino arriva, craignant quelque piége, ils
refusèrent de paraître tous à la fois en présence du Hongrois, et se fortifiant dans la
ville de Salerne, ils envoyèrent d'abord
l'archevêque Roger, leur frère, pour
s'assurer des intentions du roi à leur égard.
Mais Louis le reçut magnifiquement et le
nomma son conseiller privé et grand-pro-
tonotaire du royaume. Alors seulement
Robert de San-Severino, et Roger, comte
de Clairmont, se hasardèrent à venir
devant le roi; et après lui avoir prêté
hommage, ils se retirèrent dans leurs
terres. Les autres barons avaient imité
leur réserve, et, cachant leur mécontent-
tement sous une apparence de respect,

attendaient le moment favorable pour
secouer le joug étranger.

Cependant la reine était arrivée à Nice
après cinq jours de navigation sans éprouver aucun obstacle dans sa fuite. Son
passage à travers la Provence fut une espèce de triomphe. Sa beauté, sa jeunesse,
ses malheurs, tout, jusqu'aux bruits
mystérieux qui couraient sur son aven-
ture, contribuait à réveiller l'intérêt du
peuple provençal. On improvisa des jeux
et des fêtes pour adoucir l'amertume de
l'exil à la princesse proscrite; mais au
milieu des transports de joie que les
bourgs, les châteaux et les villes faisaient
éclater de toutes parts, Jeanne, accablée

1.   20

d'une éternelle tristesse, dévorait sa douleur muette et ses brûlants souvenirs.

Aux portes d'Aix, elle trouva le clergé,
la noblesse et les premiers magistrats, qui
l'accueillirent respectueusement, mais
sans donner aucune marque d'enthousiasme. A mesure que la reine avançait,
son étonnement redoublait en remar-
quant la froideur du peuple et l'air sombre et contraint des grands qui l'escor-
taient. Mille sujets d'inquiétude se présen-
taient à son esprit alarmé, et elle alla jusqu'à craindre quelque intrigue du roi de
Hongrie. A peine le cortége était-il arrivé
au Château-Arnaud, que les nobles, se par-
tageant en deux ailes, firent passer la reine,

son conseiller Spinelli et deux femmes ;
puis, fermant les rangs, séparèrent Jeanne
du reste de sa suite. Après quoi, chacun à
son tour, ils se mirent à garder les portes
de la forteresse.

Il n'y avait plus aucun doute, la reine
était prisonnière ; mais il lui était impossible de deviner la cause de cette étrange
mesure. Elle interrogea les hauts dignitaires, qui, tout en protestant de leur dévouement et de leur respect, refusèrent
de s'expliquer tant qu'ils n'auraient pas
reçu des nouvelles d'Avignon. En attendant, on ne manquait pas de prodiguer à
Jeanne tous les honneurs qu'on peut
rendre à une reine ; mais elle était gardée

à vue et on lui défendait de sortir. Cette nouvelle contrariété augmenta son chagrin : elle ignorait ce que Louis de Tarente était devenu, et son imagination, toujours prompte à se forger des malheurs, lui répétait sans cesse qu'elle aurait bientôt à en déplorer la perte.

Louis de Tarente, accompagné toujours de son fidèle Acciajuoli, après bien des fatigues, avait été jeté par les flots au port Pisan, et de là avait pris la route de Florence, pour demander quelques secours d'hommes et d'argent ; mais les Florentins avaient décidé de garder une neutralité absolue ; par conséquent ils refusèrent de le recevoir dans leur ville. Le prince ayant perdu ce dernier espoir, roulait dans son esprit de sombres projets, lorsque Nicolas Acciajuoli lui dit d'un ton résolu :

— Monseigneur, il n'est pas donné aux hommes de jouir continuellement d'un sort prospère ; il y a des malheurs en dehors de la prévoyance humaine. Vous étiez riche et puissant; vous voilà maintenant déguisé, fugitif, mendiant les secours des autres. Il faut que vous vous réserviez à des jours meilleurs. Il me reste encore une fortune assez considérable ; j'ai des parents et des amis dont les biens sont à ma pleine disposition; tâchons de parvenir jusqu'à la reine, et arrêtons sur-le-champ ce qu'il nous reste à faire. Quant à moi, je

ne manquerai jamais de vous défendre et
de vous obéir comme à mon maître et seigneur.

Le prince accepta avec la plus vive reconnaissance des offres si généreuses, et
répondit à son conseiller qu'il remettait
dans ses mains sa personne et tout ce qui
lui restait d'avenir. Acciajuoli, non content de servir son maître par son dévouement personnel, détermina son frère An-
gelo, archevêque de Florence, qui jouis-
sait d'une grande faveur à la cour de Clément VI, de se joindre à eux pour intéres-
ser le pape à la cause de Louis de Tarente. Ainsi, sans autre délai, le prince,
son conseiller et le bon prélat, montés sur

un navire, se dirigèrent vers le port de
Marseille; mais ayant appris que la reine
était retenue prisonnière à Aix, ils débar-
quèrent à Aigues-Mortes, et passèrent
promptement à Avignon. On vit bientôt
les effets de l'affection et de l'estime que le
pape avait pour la personne et pour le caractère de l'archevêque de Florence ; car
Louis fut reçu à la cour d'Avignon avec
une bonté toute paternelle, et à laquelle il
était loin de s'attendre. Lorsqu'il plia le
genou devant le souverain pontife, sa
sainteté se pencha vers lui affectueuse-
ment et l'aida à se relever, le saluant du
titre de roi.

Deux jours après, un autre prélat, l'archevêque d'Aix , se présenta à la reine, et s'inclinant solennellement devant elle, il lui tint ce discours :

— Très gracieuse et très aimée souveraine, permettez au plus humble et au plus dévoué de vos serviteurs de vous demander, au nom de vos sujets , grâce et pardon pour la mesure pénible et nécessaire qu'ils ont cru devoir prendre à l'égard de Votre Majesté. Au moment de votre arrivée sur nos côtes, le conseil de votre fidèle ville d'Aix avait appris de bonne source que le roi de France avait formé le projet de donner notre pays à un de ses fils, en vous dédommageant de cette perte par la cession d'un autre domaine, et que le duc de Normandie s'était rendu à Avignon pour solliciter personnellement cet échange. Nous étions bien décidés, madame, et Dieu en avait reçu le serment, de succomber tous jusqu'au dernier, plutôt que de subir l'exécrable tyrannie des Français. Mais avant de répandre le sang, nous avons voulu garder votre auguste personne comme un ôtage sacré, comme une arche sainte, à laquelle personne n'eût osé toucher sans tomber foudroyé, et qui devait éloigner de nos murs le fléau de la guerre. Maintenant nous venons de lire le désistement formel de cette odieuse prétention, sur un bref que le souverain pontife nous envoie d'A-

vignon , et dans lequel il se porte caution
de votre royale parole. Nous vous rendons
votre liberté pleine et entière, et ce ne
sera plus que par les vœux et par les
prières que nous essayerons encore de
vous retenir parmi nous. Partez donc,
madame, si tel est votre bon plaisir, mais
avant de quitter ces contrées, que votre
départ plongera dans le deuil , laissez-
nous l'espoir que vous nous aurez pardon-
né la violence apparente à laquelle nous
nous sommes portés envers vous , dans la
crainte de vous perdre , et souvenez-vous
que le jour où vous cesserez d'être notre
reine, vous signerez l'arrêt de mort de
tous vos sujets.

Jeanne rassura l'archevêque et la députation de sa bonne ville d'Aix par un sourire plein de tristesse, et leur promit qu'elle emporterait un éternel souvenir de leur amour et de leur attachement. Car, cette fois, elle ne pouvait plus se tromper sur les véritables sentiments de la noblesse et du peuple, et une si rare fidélité, qui se révélait par des larmes sincères, la toucha jusqu'au fond de l'âme, et la fit revenir amèrement sur son passé. Mais un accueil magnifique et triomphal l'attendait à une lieue d'Avignon. Louis de Tarente et tous les cardinaux présents à la cour étaient sortis à sa rencontre. Des pages habillés d'un costume éblouissant portaient sur la tête de Jeanne un dais de velours écarlate, constellé de fleurs de lis d'or et enrichi de plumes. De beaux adolescents et de belles jeunes filles, la tête couronnée de fleurs, la précédaient en chantant ses louanges. Les rues par lesquelles devait passer le cortége étaient bordées d'une double haie vivante, les maisons étaient pavoisées, les cloches sonnaient à triple volée, comme dans les grandes fêtes de l'Église. Clément VI reçut d'abord la reine au château d'Avignon, avec toute la magnificence dont il savait s'entourer dans les occasions solennelles, ensuite elle fut logée dans le palais du cardinal Napoléon des Ursins, qui, à son retour du conclave de Pérouse, avait fait bâtir à Villeneuve cette royale demeure, habitée depuis par les papes.

Rien ne pourrait donner une idée de l'aspect étrange et tumultueux que présentait à cette époque la ville d'Avignon. Depuis que Clément V avait transporté en Provence le siége pontifical, la rivale de Rome avait vu s'élever dans ses murs des places, des églises, des palais où les cardinaux déployaient un luxe inouï. Toutes les affaires des peuples et des rois se traitaient alors au château d'Avignon. Des ambassadeurs de toutes les cours, des marchands de toutes les nations, des aventuriers de tous les pays, Italiens, Es-

pagnols, Hongrois, Arabes, Juifs, des
soldats, des bohémiens, des bouffons, des
poètes, des moines, des courtisanes,
fourmillaient, bourdonnaient, s'enchevê-
traient dans les rues. C'était une confusion
de langues, d'usages, de costumes, un
pêle-mêle inextricable de pompe et de
haillons, de luxe et de misère, de prosti-
tution et de grandeur. Aussi les poètes
austères du moyen-âge ont-ils flétri dans
leurs chants la ville maudite du nom de
nouvelle Babylone.

FIN DU PREMIER VOLUME.

Imp. de E. Dépée, à Sceaux,